KRÄUTER-WISSEN
AUS ALTER ZEIT

Burkhard Bohne
KRÄUTER-
WISSEN
AUS ALTER ZEIT
KOSMOS

Düfte und Farben, Heilkraft und Würze und ein Stück weit Magie!

Die Kräuterkunde ist mit Sicherheit so alt wie die Menschheit, und alle Völker der Erde nutzten und nutzen die Kraft der Pflanzen. Naturvölker, antike Hochkulturen oder mittelalterliche Klöster – sie alle hatten Kräuterfrauen, Druiden, Priester, Schamanen, Mönche, Nonnen oder Ärzte, die die Kräfte der Kräuter genau kannten und mit ihrer Hilfe Menschen heilen konnten. Ihre Kenntnisse verdanken sie überlieferten Erfahrungen, Visionen und Intuition, und sie übergaben ihr Wissen immer an die nachfolgende Generation. So standen Mensch und Natur über sehr lange Zeit im Einklang – ein Zustand, an dem es uns heute leider oft fehlt.

Um die Welt der Kräuter wirklich verstehen zu können, bedarf es einiges mehr als des fachgerechten Umgangs mit Gärten und Pflanzen oder mit Tees, Gewürzen, Salben und Tinkturen. Es bedarf, die Natur genau zu beobachten und sich ein wenig auf ihre Geheimnisse einzulassen. Vielleicht kann dieses Buch Sie, liebe Leserin und lieber Leser, dazu anregen und Sie ein Stück weit auf diesem Weg begleiten.

Zum Entstehen dieses Buches bin ich vielen Menschen zu großem Dank verpflichtet. Allen voran natürlich dem Kosmos Verlag und besonders Frau Carolin Küßner, die sich gern auf dieses wunderbare Thema eingelassen haben. Meinen Kräutergärten, Ausstellungen und deren Besuchern verdanke ich, dass ich mich jetzt schon seit mehr als zwei Jahrzehnten, fast mein ganzes Berufsleben lang, mit diesem weitreichenden Thema beschäftigen darf. Danke den Trägern, Mitarbeitern und Förderern aller Projekte sowie meiner Familie, die mich, immer wieder aufs Neue, während der Gartensaison so großartig unterstützt.

Burkhard Bohne

Menschen, Kräuter und Gärten

Und Gott sprach:
Die Erde lasse sprossen junges Grün:
Kraut, das Samen trägt und Fruchtbäume,
die nach ihrer Art Früchte tragen auf
der Erde, in denen der Same ist.

1. Buch Moses, 1. Kapitel

Kräuter in der Antike

Seit Urzeiten sind Kräuter ganz eng mit der Entwicklung der Menschen verbunden. Schon immer finden sie Verwendung in der Küche, Heilkunde und Magie. So ist es kein Wunder, dass Kräuter immer auch Bestandteil einer entstehenden Gartenkultur waren.

Unsere Vorfahren

Unsere ältesten Vorfahren waren Jäger und Sammler und lebten als Nomaden. Sie wohnten in einfachen Hütten oder Zelten, gingen jagen und ernährten sich von allem, was die Natur ihnen schenkte. Erst in der Jungsteinzeit begannen die Menschen an Flüssen und in Wäldern zu siedeln. Es entstanden Siedlungen, in denen die Menschen erstmals in größeren Gruppen zusammenlebten. Die neue Lebensweise als Hirten und Bauern sicherte die Existenz, brachte aber auch neue Gefahren. Infektionskrankheiten breiteten sich aus und die Menschen waren gezwungen, gezielt nach neuen Heilmethoden zu suchen. Schon damals sammelten und verwendeten wir Menschen Kräuter. Kräuterfrauen, Druiden, Schamanen, Priester und Ärzte nutzten Pflanzen zum Heilen, als Gewürz und für kultische Zwecke. Sie kannten die Wirkung der Kräuter sehr genau und schätzten sie als Medizin, als Orakel oder auch zum Vertreiben von Dämonen.

Dill ist eines der ältesten uns bekannten Heil- und Gewürzkräuter.

Rosmarin wächst in seiner natürlichen Umgebung als immergrüner Strauch.

Die Hochkulturen der Antike

Ägypten

Eine der ältesten uns bekannten Hochkulturen war das alte Ägypten. Die Ägypter bauten Villen und Paläste und entwickelten bereits vor 5000 Jahren eine großartige Gartenkultur. Ihre Gärten bestanden aus Kräuter- und Gemüsebeeten sowie Obstgärten mit Feigen, Granatapfel, Wein und Palmen. Höhere Gesellschaftsschichten verfügten auch über prächtige Lustgärten. Die meisten Kulturpflanzen wurden als Nahrungsmittel und zugleich auch für Heilzwecke verwendet. So waren Hülsenfrüchte wie Linsen, Erbsen oder Bohnen Grundnahrungsmittel und galten als Heilmittel von Entzündungen, Geschwüren und Wunden. Koriander war ein beliebtes Gewürz und diente gleichzeitig der Behandlung von Magenverstimmungen, Kopfschmerzen oder auch Flechten. Die Küchenzwiebel galt als Grundnahrungsmittel und half bei der Behandlung von Infekten der Verdauungsorgane und von Würmern. Die ägyptischen Mediziner waren gleichzeitig auch Priester. Sie arbeiteten in Tempeln, Verwaltungseinrichtungen und Kasernen. Ihre Heilkunst stand immer im Zusammenhang mit religiös-magischen Handlungen. Sie kannten eine Vielzahl von Göttern, die in medizinischen Fragen häufig zu Rate gezogen wurden. So galt der Gott Toth als Patron der Ärzte und wurde häufig zum Heilen von Augenkrankheiten angerufen. Der Gott Re, Autor medizinischer Schriften, hatte die Aufgabe, die angehenden Ärzte in ihrer Ausbildung zu schützen. Isis, auch als Gottesmutter verehrt, verfügte über Zauberkraft zum Wohle aller Kranken und Verletzten. Aus dieser Zeit sind uns eine Reihe Papyri

Bereits die alten Ägypter bauten Wein an.

bekannt, auf denen auch Verfahren der Kräuterheilkunde überliefert sind. So beschreibt das berühmte *Papyrus Ebers* unter anderem medizinische Therapien, pharmakologische und mechanische Behandlungsmaßnahmen und auch Zaubersprüche. Scheinbar ergänzten sich damals Zauberei, Rituale und Medizin prächtig.

Mesopotamien

Schon 2000 Jahre vor unserer Zeitrechnung nahmen Gärten in Mesopotamien einen bedeutenden Platz im Leben der Menschen ein. Sie spendeten Schatten und dienten der Versorgung. Neben den lebensnotwendigen Nutzgärten gab es auch Lustgärten zum Wandeln und Vergnügen. Zur Versorgung der Pflanzen mit Wasser wurde ein Kanal- und Bewässerungssystem entwickelt. In den Nutzgärten baute man neben Obstbäu-

Große Ärzte der Antike – Galen und Hippokrates

Schlafmohn, ein Klassiker unter den Heilpflanzen

men auch zahlreiche Gemüsearten sowie Gewürze und pflanzliche Duftstoffe an. Die Obstgärten waren teilweise riesig und beherbergten zum größten Teil Palmen. Darüber hinaus wurden Äpfel, Feigen, Granatäpfel, Oliven und Wein kultiviert.
In Mesopotamien waren es Priester, die sich mit der Heilkunde beschäftigten. Diese war magisch-religiös ausgeprägt: Man nahm an, Krankheiten entstehen, wenn ein Gott dem Menschen die Gunst entzog. Keilschrifttafeln überliefern uns Zeugnisse des damaligen medizinischen Wissens. Sie beschreiben chirurgische Maßnahmen sowie Rezepte für Medizin aus pflanzlichen, tierischen und mineralischen Substanzen.

Griechenland

Die Griechen kamen in ihren großen Städten scheinbar ohne Gärten aus. Es gibt praktisch keine Hinweise auf Gartenanlagen, die an die Wohnhäuser angrenzten. Einzige Ausnahme bildeten Gymnasien mit ihren Philosophengärten, heiligen Hainen und in kleinem Umfang auch Grabstätten. Um die Bevölkerung zu versorgen, wurden vor den Städten und in ländlichen Gegenden Felder bestellt und Nutzgärten angelegt. Sie waren zu ihrem Schutz mit Dornensträuchern eingefasst und beherbergten Obstbäume,

Räuchern mit Kräutern

Unsere Vorfahren lebten sehr naturverbunden und nahmen ihre Umwelt ganzheitlich wahr. Ihre Heilmittel entnahmen sie der belebten Natur und so ist auch das Räuchern mit Kräutern, Harzen und Hölzern ein uraltes Ritual. Sie wussten um die schnelle Wirkung des Räucherwerkes und nutzten es zur Heilung und auch für kultische Zwecke. Räuchern reinigt, weckt die Sinne, führt zur Entspannung und unterstützt Gebet und Meditation. Es kann uns zu tief wirksamen Sinneserfahrungen verhelfen.

Weinstöcke, Kräuter- und Gemüsebeete. Viele Quellen berichten von Blumengärten, in denen Rosen, Veilchen, Myrte, Lilien und Hyazinthen angepflanzt wurden, meist zu kultischen Zwecken.
Die griechische Kultur brachte eine Reihe großer kräuterkundiger Ärzte hervor. Der berühmteste war wohl Dioskurides (1. Jh. n. Chr.). Er verfasste ein Herbarium mit über 600 Heilpflanzen, das fast 1500 Jahre als Grundlagenwerk galt.

Rom

Anders als die späten Griechen, lebten die ersten Römer zunächst als Bauern auf dem Lande. Dank hoher Erträge auf den Äckern und in den Gärten wuchs ihr Wohlstand stetig. Kein Wunder, dass die römische Gartenkultur einen hohen Stellenwert einnahm. Auf dem Land entstanden Villen, die von weitläufigen Nutzgärten mit Obst, Kräutern und Gemüse umgeben waren. Auch die römischen Stadtvillen waren von Gärten eingerahmt. Sie schützten ihre Bewohner vor Hitze und Lärm und dienten der Repräsentation.
Die Römer brachten, genau wie die Griechen, zahlreiche große Ärzte hervor. In erster Linie ist uns Plinius der Ältere bekannt, ein Gelehrter, der im 1. Jahrhundert n. Chr. lebte und uns als sein wichtigstes Werk die *Naturalis historia* hinterließ, eine Enzyklopädie des naturkundlichen Wissens der damaligen Zeit.

Fast alle alten Kulturen nutzten Kräuter zum Räuchern.

Die Pflanzen der Bibel

Die Bibel gilt als das am weitesten verbreitete schriftliche Werk der Welt und bildet die Grundlage unserer Religion. Weniger bekannt ist, dass sich die Bibel an vielen Stellen mit Pflanzen und deren Anbau beschäftigt. Dazu zählen auch viele Kräuter.

Leben im antiken Königreich Israel

Im Land der Bibel wachsen etwa 2600 Pflanzenarten. Mehr als hundert Arten wurden bereits in der Bibel erwähnt. Da es sich dabei meist um landwirtschaftliche Nutzpflanzen handelt, beschreibt kaum ein anderes Buch ein so reiches und lebendiges Bild der Landwirtschaft in der Antike. Obst und Getreide waren demnach die Hauptkulturen in jener Zeit und galten vielfach als Ausdruck des Segens Gottes. Eine bedeutende Rolle spielen auch Räucherstoffe, die aus teuren Harzen und Balsam von Bäumen und Sträuchern hergestellt wurden.

Das Leben der israelischen Familien in der Antike wurde fast ausschließlich von der Landwirtschaft bestimmt. Die tägliche Beschäftigung der Menschen, Volksbräuche, soziale Struktur und häusliches Leben waren eng auf das Pflanzenwachstum abgestimmt und wohl kein anderes Volk des Altertums hat so viele Pflanzen in sein religiöses Leben einbezogen wie die Hebräer in biblischer Zeit. In der Bibel finden wir zahlreiche Verse mit botanischen Begriffen wie Blüte, Frucht, Same, Wurzel oder auch Ernte. Außerdem beschreibt die Bibel konkrete Anweisungen zum Umgang mit den Pflanzen. Am deutlichsten wird die Verbindung von Religion und Pflanzenwelt wohl in der zeitlichen Festlegung der drei großen Feste. Das Passahfest liegt im Frühling, wenn die Gerste zu reifen beginnt. Pfingsten wird am Sommeranfang zum Beginn der Weizenernte gefeiert, und das dritte Fest, das Laubhüttenfest, wird im Herbst begangen, wenn sich der jahreszeitliche Kreis von Saat und Ernte schließt.

Bis heute prägt die Olive die Landschaft des östlichen Mittelmeerraums.

Anlass zur Vertreibung aus dem Paradies – der Granatapfel

Das Land der sieben Früchte

In biblischer Zeit galt das gelobte Land, das Land Kanaan, mit seinen fruchtbaren Böden und ausreichend Wasservorkommen als das Land der sieben Früchte. Sie waren wichtige landwirtschaftliche Produkte und galten als Ausdruck Gottes Segens. Zahlreiche Bibelstellen überliefern uns diese Hauptkulturen.

Dattelpalme
Die Dattelpalme *(Phoenix dactylifera)* ist eine der 3400 Arten umfassenden Familie der Palmengewächse. Die gelblichen bis braunen Früchte sind seit Jahrtausenden wichtiger Nahrungs- und Rohstofflieferant der Wüstenvölker. Eine Pflanze liefert bis zu 100 Kilogramm Datteln pro Jahr, die frisch oder getrocknet gegessen werden oder zu Sirup (Dattelhonig), Wein oder Schnaps verarbeitet werden.

Feige
Der Feigenbaum *(Ficus carica)* gilt als einer der ältesten Obstbäume. Wegen ihres hohen Zuckergehaltes waren die Früchte bereits zur biblischen Zeit ein wertvolles Nahrungsmittel und konnten, konserviert durch Trocknen, gut zum Verzehr in der obstlosen Zeit gelagert werden.

Zweizeilige Gerste
Die Zweizeilige Gerste *(Hordeum vulgare)* wurde bereits vor 8000 Jahren kultiviert. Sie war genau wie Weizen Hauptbestandteil der Nahrung in biblischer Zeit und wurde zu Graupen, Grütze oder Brei verarbeitet und auch an Pferde verfüttert.

Granatapfel
Seit Jahrtausenden wird der Granatapfelbaum *(Punica granatum)* im östlichen Mittelmeerraum kultiviert. Der bis etwa fünf Meter hohe Strauch hat kleine, ovale Blätter. Im Sommer erscheinen feuerrote Blüten, aus denen sich ledrige, apfelartige Früchte entwickeln.

Olivenbäume werden uralt und bilden fantastische Stämme.

Aloe vera – eine biblische Heilpflanze

Eine uralte Heil- und Nutzpflanze – der Lein

Ölbaum, Olive

Die Olive *(Olea europaea)* ist ein langsam wachsender Baum, der über 1000 Jahre alt werden kann. Im Herbst reifen grüne, später schwarzblaue Steinfrüchte. Im östlichen Mittelmeerraum ist der Ölbaum seit Menschengedenken eine der wichtigsten Kulturpflanzen. Das Öl wurde schon lange vor Christus als Nahrung, zur Salbung von Königen und Priestern, als Lampenöl und zur Herstellung von Kosmetika verwendet.

Wein

Im biblischen Palästina waren Weinberge landschaftsprägend. Weintrauben *(Vitis vinifera)* wurden schon damals vielfältig verwendet: als frisches Obst, getrocknet als Rosinen, gepresst als Saft oder vergoren als Wein.

Weizen

Weizen war bereits in prähistorischer Zeit in Mesopotamien in verschiedenen Kulturformen bekannt. In Israel wurden in biblischer Zeit Hartweizen *(Triticum durum)* und Zweikorn-Weizen oder Emmer *(Triticum diccocon)* angebaut. Der Hartweizen wurde zum Backen von Brot verwendet und Emmer war Rohstoff zur Herstellung von Graupen und Stärke.

Die Kräuter der Bibel

Zu den in der Bibel beschriebenen Nutzpflanzen zählen auch viele Heilkräuter und Gewürze. Sie wurden damals wie heute als Nahrungsmittel, zur Herstellung von Duftstoffen und Ölen verwendet.

Echte Aloe

Die Echte Aloe *(Aloe vera)* stammt vermutlich aus Arabien. Ägypter, Griechen, Römer und Juden setzten den gelartigen Saft der dickfleischigen Blätter zur Wundheilung und zur Einbalsamierung ihrer Toten ein. Die sukkulente Pflanze hat gezähnte Blätter, die in einer Rosette angeordnet sind und bis 50 Zentimeter lang werden.

Lein, Flachs

Der einjährige Flachs *(Linum usitatissimum)* wird bis 60 Zentimeter hoch, blüht himmelblau und bildet Fruchtkapseln mit ölhaltigen Leinsamen. Die Geschichte des Flachsanbaus als Faserpflanze führt zurück zu den frühesten Anfängen der menschlichen Zivilisation. So wurde er auch zu Lebzeiten des Moses in Ägypten angebaut. Die Samen wurden bereits vor Jahrtausenden zum Backen oder zum Pressen von Öl verwendet.

Myrrhe
Aus den Stämmen und Ästen des dornigen Myrrhenstrauchs *(Commiphora abyssinica)* tritt tropfenweise Harz und erhärtet zu rotbraunen Körnern. Die Ernte erfolgt durch Anritzen der Rinde. Das Harz wurde zum Einbalsamieren von Leichen, zum Parfümieren von Kleidern und zum Würzen von Wein verwendet. Die Myrrhe war eines der Geschenke der *Weisen aus dem Morgenland* an das neugeborene Christuskind.

Rizinus, Wunderbaum
Rizinus *(Ricinus communis)* wurde bereits in der Antike als Ölpflanze angebaut. Das ein bis vier Meter hohe, buschige Kraut hat auffällig große, gelappte, rote oder grüne Blätter. Aus den Blüten entwickeln sich stachelige Kapseln mit jeweils drei ölhaltigen, stark giftigen Samen. Rizinusöl wird seit langer Zeit als Abführmittel und auch als technisches Öl verwendet.

Schwarzer Senf
Der einjährige Senf *(Brassica nigra)* blüht gelb in doldigen Blütenständen. Aus ihnen entwickeln sich längliche Schoten mit jeweils vier bis sechs Samen. Die Kenntnis über Anbau und Verwendung von Senf verdanken wir den orientalischen und antiken europäischen Völkern. *„Das Himmelreich gleicht einem Senfkorn, das ein Mensch nahm und auf seinen Acker säte; das ist das kleinste unter allen Samenkörnern; wenn es aber gewachsen ist, so ist es größer als alle Kräuter …"* (Matthäus 13, 31-32).

Weihrauch
Weihrauch *(Boswellia sacra)* stammt aus den trockenen Gebieten Somalias und Südarabiens. Die Ernte des Harzes erfolgt durch Anritzen der Rinde. Es wurde als Heilmittel und zum Räuchern verwendet. Die frühe christliche Kultur verdammte das Räuchern mit Weihrauch zunächst als heidnischen Brauch. Erst seit dem 4. Jh. n. Chr. wurde das Räuchern fester Bestandteil von Zeremonien in katholischen und orthodoxen Kirchen.

Weihrauchharz wird bis heute in Kirchen geräuchert.

Die Weihrauch-Pflanze am Naturstandort

Das Wissen der Kelten

Die Geschichte der Kelten ist bis heute von Geheimnissen umgeben, besonders ihre Landwirtschaft war legendär. Noch spannender lesen sich die Geschichten der Druiden: Sie waren Ärzte und Magier und galten als Hüter der Weisheit.

Die Landwirtschaft der Kelten

Als Kelten werden europäische Volksgruppen der Eisenzeit bezeichnet, die in Siedlungs- oder Sprachgemeinschaften lebten – ursprünglich vor allem in weiten Teilen des westlichen Mitteleuropas und auf den britischen Inseln. Später dehnten die Kelten ihren Einflussbereich ostwärts aus. Sie galten als hervorragende Ackerbauern und Viehzüchter, betrieben Bergbau und verstanden die Kunst des Eisenschmiedens. Sie erfanden den Räderpflug, die eiserne Egge und stellten strapazierfähige Wagen mit Eisenfelgen her. Vor allem bei der Erzeugung von Damaszenerstahl zum Schmieden von Waffen waren sie ihren römischen Nachbarn weit überlegen.

Misteln genossen bei den Kelten höchstes Ansehen.

Die Kelten lebten mit ihren Großfamilien und Tieren auf Einzelhöfen oder in kleinen Weilern. Ihr landwirtschaftlicher Reichtum basierte auf umwälzenden Neuerungen im Ackerbau. Sie verzichteten auf die uneffektiven Brandrodungen und konnten mit ihren landwirtschaftlichen Geräten auch schwere, fruchtbare Talböden bearbeiten. Sie entwickelten neuartige Düngemethoden (kompostierter Mist), beachteten die Fruchtfolge und legten Brachen ein. Auf den Äckern wurden Getreide und Hülsenfrüchte sowie Färber- und Faserpflanzen angebaut. Gemüse und Obst wuchs in den Gärten. Die Landwirtschaft der Kelten galt als dermaßen effizient, dass sie Getreide und Vieh in größerem Ausmaß nach Rom exportieren konnten. Dieser landwirtschaftliche Reichtum der Kelten ermunterte die Römer, Gallien und Britannien zu erobern und auszuplündern.

Die keltischen Familien waren innerhalb größerer Stammesverbände organisiert und ihre Aufgabenverteilung war klar definiert. Die Männer bearbeiteten die Äcker, versorgten das Vieh, betrieben Handel oder zogen in den Krieg. Die Frauen waren für Haus, Garten und Heilkunde zuständig. Für wichtige Stammesentscheidungen wurde der Rat hellsichtiger Frauen eingeholt.

Die Heilkunde der Kelten

In der keltischen Heilkunde ergänzten sich das überlieferte Wissen der Priester und Druiden und die praktischen Erfahrungen des einfachen Volkes. Die geheimnisvollen Druiden waren Magier, Wahrsager, Ärzte und galten als Hüter der Weisheit. Druiden lebten zurückgezogen in Wäldern und heiligen Hainen. Sie wurden über zwanzig Jahre ausgebildet, zunächst zu Sängern und Geschichtenerzählern und später als Seher, die weissagten und Kontakt zu den Göttern hatten. Am Ende ihrer Lehre galten sie als Träger der Gesellschaft. Nach mehr als zwanzig Jahren Waldleben waren die Sinne der Druiden dermaßen geöffnet, dass ihnen jede Pflanze ihre Heilgeheimnisse offenbaren konnte.

Das Sammeln von Heilkräutern war von elementarer Bedeutung und immer von Ritualen begleitet. So ging der keltische Kräutersammler früh am Morgen mit nüchternem Magen und schweigend seinen Weg. Der Druide wusste die Zeichen (Signaturen) der Pflanzen zu deuten und konnte so entscheiden, welche Kräuter er zu ernten hatte. Er näherte sich der Pflanze vom Westen her und sprach beim Pflücken Zauberworte als Erklärung, warum man die Pflanze genommen habe. Erhoffte man sich Heilung, wurden als Gegenleistung Blut, Met, Brot oder Wein als Opfergaben dargebracht.

Die Mistel – die wichtigste Heil- und Zauberpflanze der Druiden

Heilkräuter der Druiden

Die wichtigste Heilpflanze der Druiden war die auf Eichen wachsende Mistel. Sie galt als fruchtbarkeitsfördernd und als Heilmittel gegen alle Gifte.

Plinius berichtete, dass Misteln immer mit größter Sorgfalt geerntet wurden. In weiße Gewänder gekleidete Prister schnitten sie

Eine Pflanze der Signaturenlehre, der Augentrost

Löwenzahn galt auch den Kelten als wichtige Heilpflanze.

ausschließlich am sechsten Tage des Mondes (zunehmend) mit einer goldenen Sichel und fingen sie mit einem weißen Tuch auf. Als Dank für die Gaben wurden nach der Ernte Stiere als Opfergaben geschlachtet.
Die Druiden kannten auch die beruhigende, menstruationsfördernde und harntreibende Wirkung des Baldrians. Er gilt seit Jahrtausenden als wirksames pflanzliches Beruhigungsmittel und seine Wurzeln wurden damals wie heute als Teeaufguss verwendet. Im Mittelalter war Baldrian unter dem Namen Theriaca bekannt und galt als Allheilmittel und Aphrodisiakum. Teilweise wurde die Pflanze zur Bekämpfung der Pest und anderer Seuchen verwendet.
Die Blätter und Stängel des Beinwells sind sehr fest miteinander verbunden und auch die dicke Wurzel strotzt vor Lebenskraft. Die Volksheilkunde verwendet daher Beinwellzubereitungen bis heute zur Behandlung von Knochenbrüchen, Prellungen, Verstauchungen und rheumatischen Gelenkerkrankungen. Die keltischen Druiden kannten die Pflanze unter ihrem gallisch-keltischen Namen Alnus und nutzten sie darüber hinaus auch zur Behandlung von Wunden und Tumoren.
Der bittere Geschmack sogenannter Bitterkräuter wurde stets der Galle zugeordnet. In der Tat unterstützen sie die Magen- und Gallensekretion und wirken so appetitanregend und verdauungsfördernd. Die Volksheilkunde verwendet bitterstoffhaltige Kräuter als Tee bei Magenverstimmungen oder zur Herstellung von Kräuterlikören. Zu den bedeutendsten Bitterkräutern zählt der Wermut, der auch als eine der wichtigsten Druidenpflanzen gilt. Er wurde verwendet, um Visionen klarer zu sehen und diente zur Abwehr von Dämonen. Der verwandte Beifuß war eine Räucherpflanze und erlaubte dem Druiden, in die andere Welt zu reisen, um die Krankheiten auslösenden Dämonen zu erkennen.
Die goldgelben Blüten des Johanniskrautes symbolisieren die Kraft der Sommersonne. Tee, Extrakt oder Tinktur werden heute zu Behandlung von nervöser Erschöpfung oder Depressionen verwendet. Wundärzte sahen in dem roten Saft, der aus zerquetschten Blüten gewonnen wird, die Signatur einer wundheilenden Pflanze, und die

Volksheilkunde verwendet den Auszug aus den frischen Blüten (Rotöl) bis heute als Wundheilmittel. Bei Johanniskraut handelt es sich wohl auch um das *Goldene Kraut* der Druiden. Die Legende sagt, dass irgendwo im Johanniskraut das *echte* Goldene Kraut stehe und wie reines Gold strahlt. Wem es gelingt, diese Pflanze zu finden, der kann seine Kräfte vervielfachen, mit den Tieren des Waldes kommunizieren und sich bei Bedarf unsichtbar machen.

Die Klette weihten die Kelten dem Bären und als Bärenpflanze galt sie als Wundheilkraut. Bis heute nutzt die Volksheilkunde Klettenpräparate bei Hautleiden. Die Fruchtstände der Klette erinnern entfernt an verfilzte Haare, kein Wunder, dass Klettenwurzelöl erfolgreich bei Haarausfall und auch bei Kopfschuppen angewendet wird.

Die Schafgarbe ist eine sehr wirksame Heilpflanze und gleichzeitig tief im Volksglauben verankert. Sie unterstützt die Wundheilung, soll bei Zahnschmerzen helfen und gilt als wirksam bei Menstruationsbeschwerden. Die Schafgarbe war den keltische Druiden genau so heilig wie den Germanen. Der keltische Name Beliocandos enthält den Namen Belenos (der Strahlende), der in der gallisch-keltischen Mythologie das Licht verkörperte und Meister der Heilkunde war.

Gelbe Blüten, gelber Milchsaft und leberförmige Blätter sind die Signatur der Leberpflanze. Schöllkraut ist folgerichtig traditionell Bestandteil von Teemischungen gegen Leber- und Galleleiden. Gallische Druiden verwendeten den ätzenden Milchsaft des Schöllkrautes zur Behandlung von Augenkrankheiten. Der Legende nach fanden sie die Wirkung der Pflanze heraus, indem sie Schöllkraut fressende Schwalben beobachteten, die anschließend außergewöhnliche Sehkraft erlangten.

Goldgelb blühendes Johanniskraut – das Symbol der Sommersonne

Die großen Blätter der Klette wurden als Wundauflage verwendet.

Die Entwicklung der Kräutergärten in Europa

Das Äußere einer Pflanze
ist nur die eine Hälfte
der Wirklichkeit.

JOHANN WOLFGANG VON GOETHE

Die Gärten des Mittelalters

Das Mittelalter ist für uns unendlich spannend. Es war geprägt von Klostergründungen, Kreuzzügen und tiefgreifenden gesellschaftlichen Veränderungen. Durch Klöster wurden fremde Kräuter bei uns verbreitet – die Klosterheilkunde ist bis heute legendär.

Das Capitulare de villis

Bis zum Mittelalter hatte die Gartenkunst in Mitteleuropa eine eher untergeordnete Bedeutung. Die Bauern lebten oftmals in großer Armut, und das Land war durch Kriege und Völkerwanderung zerrissen. Der Anbau von Nutzpflanzen bestand im Wesentlichen aus Getreide und Gemüsearten, die im täglichen Gebrauch als Grundnahrungsmittel dienten. Erste Aufzeichnungen des Nutzpflanzenanbaus finden wir im *Capitulare de villis*, einer Landgüterverordnung Karls des Großen. Sie wurde Ende des 8. Jahrhunderts erlassen und regelte die Versorgung des riesigen Reiches. Im letzten Kapitel sind Heil- und Gewürzkräuter, Gemüse und Obst aufgelistet, die Karl der Große auf jedem Gut angebaut wissen wollte. Viele der angebauten Kräuter waren mediterranen Ursprungs, aber auch einheimische Pflanzen wurden in Kultur genommen.

Klostergärten waren eine der Keimzellen unserer Gartenkultur.

Die Klostergärten

Unsere Gartenkultur wurde im Wesentlichen von Klostergärten geprägt. Benedikt von Nursia (480 bis 547) gilt als Vater des abendländischen Mönchtums. Er gründete um 527 das Kloster Montecassino in Süditalien, das Mutterkloster des nach ihm benannten Benediktinerordens. Dort organisierte Benedikt alle Bereiche des klösterlichen Lebens neu und brachte sie auf eine einfache Formel: ora et labora, bete und arbeite. Fortan wurde die Sorge für den Körper und die Seele zentrales Anliegen des klösterlichen Lebens und die Versorgung von Schwachen und Kranken sollte über allen Pflichten stehen. In seinen Ordensregeln legte Benedikt auch fest, dass Lesen und Schreiben gepflegt werden sollten, eine wichtige Voraussetzung für die Erhaltung und Verbreitung des Wissens der antiken Ärzte.

Ab dem 8. Jahrhundert wurden nördlich der Alpen zahlreiche Klöster gegründet. Um möglichst unabhängig von ihren Mutterklöstern zu werden, strebte jedes neu gegründete Kloster die Selbstversorgung an. Es wurden Gärten angelegt, in denen die Mönche Obst, Gemüse und auch Heilkräuter anbauten. Leider ist nur sehr lückenhaft überliefert, wie die damaligen Klostergärten angelegt wurden, sicher ist nur, dass sie einfach, mit rechteckigen Beeten, strukturiert waren. Um die Verwechslung von Heilkräutern zu vermeiden, wurden alle Kulturen strikt getrennt.

Das Lorscher Arzneibuch

Um 795 entstand unter dem Abt Richbodo das Lorscher Arzneibuch. Dieses in seiner Zeit ungemein bedeutende Werk gibt einen guten Einblick in die damals angewendeten Heil- und Pflegeverfahren und greift dabei bewusst auch auf einheimische Pflanzen zurück. Das Werk beinhaltet neben umfangreichen Pflanzenbeschreibungen auch zahlreiche Rezepturen für Heilmittel, die teilweise antiken Ursprungs sind.

So wird beispielsweise gegen Husten und eitrigen Auswurf empfohlen, eine zerdrückte Knoblauchzehe zu kochen und anschließend im Essen oder mit Honig einzunehmen. Nach einem anderen Hustenrezept kochte man Mehl aus Bockshornklee-Samen in Wasser, bis es seine Bitterkeit verlor, gab Honig hinzu, kochte es nochmals und nahm den Brei ein.

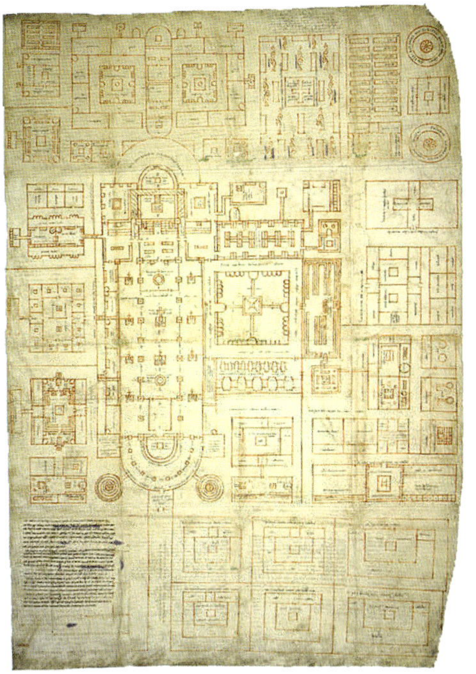

Klosterplan von St. Gallen

Der Klosterplan von St. Gallen

Im frühen 9. Jahrhundert ist vermutlich auf der Insel Reichenau der Klosterplan von St. Gallen entstanden. Auf diesem hand-

Ein Kräutergarten gehörte in jedes Kloster.

Strenge Ordnung der Kräuterbeete

schriftlichen Plan sind neben dem Garten im Kreuzgang auch andere Gartenbereiche ausgewiesen. Neben den Stallgebäuden und dem Gärtnerhaus ist ein Gemüsegarten eingezeichnet, der die Form eines gestreckten Rechteckes hatte. Er bestand aus zwei Reihen mit jeweils neun Beeten. Angrenzend an den Gemüsegarten folgte der Friedhof der Mönche, der gleichzeitig auch Obstgarten war. Außerdem gab es einen Heilkräutergarten, ein Krankenhaus und ein Lagerhaus für

Leuchtend blühet Salbei ganz vorn am Eingang des Gartens, süß von Geruch, voll wirkender Kräfte und heilsam zu trinken. Manche Gebresten der Menschen zu heilen, erwies sie sich nützlich, ewig in grünender Jugend zu stehen hat sie sich verdient. Aber sie trägt verderblichen Zwist in sich selbst: denn der Blumen Nachwuchs, hemmt man ihn nicht, vernichtet grausam den Stammestrieb, lässt gierigem Neid die alten Zweige ersterben.

WALAHFRID STRABO: DE CULTURA HORTUM

getrocknete Kräuter, aus denen sich später Hospitäler und Apotheken entwickelten. Der Kräutergarten ist in Form eines Quadrates eingezeichnet mit acht Bankbeeten in der Mitte. Der Klosterplan von St. Gallen wurde schnell Vorbild für die Anlage zahlreicher Klöster.

Der Hortulus des Walahfrid Strabo

Zu den bedeutendsten botanischen Werken dieser Zeit gehörte der *Hortulus* (um 840) des Walahfrid Strabo (808 bis 849). Walahfrid war erst Mönch und später Abt des Klosters Reichenau. Der *Hortulus* enthält neben poetischen Beschreibungen der Pflanzen und deren therapeutischem Nutzen auch einige Gartentipps.

Aus den Pflanzenbeschreibungen und den allgemeinen gartenbaulichen Hinweisen lässt sich der Garten der Reichenau recht gut rekonstruieren. Er lag innerhalb der Klausur und war im Süden von der Mauer eines höheren Gebäudes begrenzt. Es schloss sich ein quadratischer Innenhof an, der von der Abtswohnung aus zu betreten war. Ein Teil des Gartens war von einem hohen Dach, vielleicht dem Vordach eines Atriums, bedeckt.

Üppiges Pflanzenwachstum in Hochbeeten

Der Garten selbst war in Reihen angelegt und die Beete waren mit Hölzern begrenzt. Anlage und Bepflanzung von Walahfrids Garten entspricht dem des Arztgartens im Kloster St. Gallen. Ausgrabungen ergaben, dass Teile des Klosters auf dem Grundriss einer römischen Villa gebaut wurden.

Die Schule von Salerno

Das hohe Mittelalter war in Europa die Zeit vieler Neugründungen von Krankenhäusern, Medizinschulen und Universitäten. In dieser Zeit erlebten die antiken Texte großer Ärzte wie Hippokrates oder Galen eine Renaissance. Auch die Erkenntnisse der arabischen Medizin fanden Eingang in die abendländische Medizin. Die Schule von Salerno hatte einen großen Anteil an dieser Entwicklung. Gegründet als Hospital für erkrankte Ordensbrüder des Klosters Monte Cassino, gefördert und unterstützt von vielen Landesherren, entwickelte sich eine der ersten medizinischen Hochschulen Europas. Den entscheidenden Aufschwung erfuhr die Schule dank des medizinkundigen Arabers Konstantin der Afrikaner. Er übersetzte zahlreiche griechische und arabische Texte ins Lateinische und hinterließ ein großartiges medizinisches Werk. Ihre Blütezeit hatte die Schule von Salerno vom 10. bis zum 13. Jahrhundert. Dies blieb nicht ohne Einfluss auf die Klosterheilkunde und die gesamte abendländische Medizin.

Salbei (Tacuinum Sanitatis, 1390–1400)

Hildegard von Bingen – Pflanzenkennerin und große Visionärin (Rupertsberger Codex des Liber Scivias)

Die heilige Hildegard von Bingen

Die Entwicklung der Klosterheilkunde ist bis heute eng verbunden mit dem Namen einer großen Frau: Hildegard von Bingen. Hildegard erweiterte die damalige Heilkunde um moralische und theologische Aspekte und wurde schon zu Lebzeiten als Heilige verehrt. Hildegard wurde um 1098 als zehntes Kind eines Adelsgeschlechts im Rheingau geboren. Sie war ein kränkelndes Kind und soll bereits mit fünf Jahren zu Visionen geneigt haben. Mit acht Jahren wurde Hildegard in das Benediktinerkloster Disibodenberg gegeben, in dem die Oberin Jutta von Sponheim sie unterrichtete. Dort lernte sie Latein und Griechisch und wurde mit dem Alten und dem Neuen Testament sowie Kirchenschriften vertraut. Auch Ordensregeln und die Liturgie gehörten zu ihrer Ausbildung. So war die Grundlage für ihre spätere kompositorische Tätigkeit gelegt.

Im Alter von 15 legte Hildegard das unwiderrufliche Gelübde ab und lebte fortan nach den Regeln der Benediktiner. Nach dem Tod ihrer Lehrerin wurde Hildegard 1136 zur Äbtissin gewählt. Durch die erfolgrei-

Die Gartenkunst der Nonnen und Mönche brachte häufig ein kleines Paradies hervor.

che Arbeit der jungen Äbtissin wurden die Gebäude auf dem Disibodenberg bald zu klein und Hildegard erwarb das Recht zur Klosterneugründung. 1152 konnte sie mit ihren Nonnen einen Neubau auf dem Rupertsberg beziehen, dem sie bis zu ihrem Tode 1179 vorstand. Im Jahre 1165 gründete Hildegard ein Filialkloster in Eibingen.
Hildegard war eine Frau mit außergewöhnlichen Begabungen. Sie galt als Mystikerin und erwarb sich hohe Achtung als Ärztin. Sie schrieb Bücher, war Dichterin, Komponistin und Predigerin und stand in ständigem Schriftwechsel mit den Großen und Mächtigen ihrer Zeit. Als Äbtissin eines Benediktinerklosters beschäftigte sich Hildegard sehr intensiv mit der Pflege von Kranken, aber auch mit der Versorgung der Gesunden. Das Amt der Klosterärztin ermöglichte ihr, neben der traditionellen Klostermedizin, sich auch mit der Volksheilkunde zu befassen. In den Jahren 1150 bis 1158 verfasste Hildegard ihre medizinischen Schriften *Physica – Buch der Heilmittel* und *Causae et Curae – Heilwissen. Von den Ursachen und der Behandlung von Krankheiten.*
In der *Physica* wird die Heilkunde eng mit religiös-moralischen Aspekten verknüpft. Sie enthält einen Abschnitt mit der Beschreibung von mehr als 200 Heilpflanzen, erstmals auch mit deutschen Namen. Dabei beschreibt sie als einzige Autorin ihrer Zeit nur Pflanzen, mit denen sie eigene Erfahrungen gesammelt hat.
Später arbeitet Hildegard an Texten zur Glaubenslehre. Neben ihrer schriftstellerischen Tätigkeit war Hildegard auch eine wortgewaltige Predigerin und begnadete Komponistin. Sie sprach vor großem Publikum und hinterließ zahlreiche Liedkompositionen. Hildegard verstand ihr Wirken als Beitrag zur ganzheitlichen Heilung sowie zur sozialen und geistigen Erneuerung des Reiches und der Kirche.

Klostermauern speichern Wärme und schützen die Pflanzen.

Bürgergärten

Die Gartenkunst der Klöster blieb natürlich nicht lange verborgen. Schon bald wurden die Erkenntnisse der Mönche und Nonnen auch in anderen Gärten verwendet. So entstanden erste Burggärten und später auch prächtige Bürgergärten.

Die Burggärten des Mittelalters

Mittelalterliche Höfe und Burgen hatten immer auch Gärten. Sie dienten der Versorgung und luden die Bewohner und ihre Gäste zum Lustwandeln ein. Burggärten vereinten meist beide mittelalterlichen Gartentypen, den Rasen- und Baumgarten sowie den Kräuter- und Blumengarten. Häufig gab es ein Rasenstück, das von Blumenbeeten umgeben war – ein idealer Ort zum Entspannen. Wichtige Kräuterkulturen waren Weinraute, Salbei und Basilikum. Die Blumenbeete waren mit Veilchen, Akelei, Schwertlilien, Lilien und Rosen bepflanzt. Jeder Burggarten verfügte über eine Quelle oder wenigstens einen Brunnen. Gartenwege spielten im mittelalterlichen Garten eine untergeordnete Rolle. Spätmittelalterliche Darstellungen zeigen auch Rankgerüste und Hecken mit Rosen. Die Zeit der Kreuzzüge und des Minnegesanges gilt als die Übergangsphase von der Romanik zur Gotik. Hier erreichte die mittelalterliche Gartenkunst ihren Höhepunkt. Dichtung, Mariendienst und auch die Beziehung zum Garten waren von der Sinnlichkeit des Weiblichen geprägt. Der Garten mit seinen Blumen wurde zum Sinnbild der Liebe. Besonders in den Gedichten des Walther von der Vogelweide kommt dieses zum Ausdruck.

Vielleicht wegen der Ungastlichkeit ritterlicher Behausungen, erhielt die Natur- und Gartensehnsucht im Mittelalter starke Impulse. Außerdem waren die Gärten für den Fall der Belagerung wichtig für die Versorgung der Menschen. Gab es etwas Platz, wurden Gärten angelegt. Anbau und Pflege der Gärten oblagen meist der Burgherrin. Zahlreiche Ausgrabungen deuten auf den Anbau von Kräutern, Obst und Gemüse in

Dill (Tacuinum Sanitatis, 1390–1400)

Burggärten hin. Während Heilkräuter- und Blumengärten immer in der Nähe der Behausungen lagen, wurden Baumgärten meist außerhalb der Burg angelegt. Oft wurden sie mit Mauern umfasst und mit kleinen Häusern ausgestattet. Die mittelalterlichen Baumgärten waren Vorläufer der späteren Sommersitze und Herrenhäuser.

Die Gärten der Stadt

Im Mittelalter stieg die Zahl der Bevölkerung sehr stark an. Es wurden zahlreiche Städte gegründet, deren Bewohner sich mit Obst, Gemüse und Kräutern versorgen mussten. Zunächst legten die Bürger ihre Gärten in der Nähe der Häuser an und später, wohl aus Platzmangel, auch vor den Stadtmauern. Viele Städte waren regelrecht von Kulturland umgeben. Wohlhabenden Bürgern dienten Stadtgärten auch als Orte der Geselligkeit und Repräsentation. Allerdings konnten oder wollten sie ihre Gärten nicht immer selbst pflegen und es entwickelte sich ab dem 12. Jahrhundert langsam der Berufsstand der Gärtner.

Neunkräutersegen

Erinnere dich, Beifuss, was du verkündet hast, was du bekräftigt hast bei der grossen Verkündung. „Una" heißt du, ältestes Kraut. Du hast Macht für drei und gegen 30, du hast Macht gegen Gift und gegen Ansteckung, du hast Macht gegen das Übel, das über Land fährt ... Kerbel und Fenchel, zwei sehr mächtige, diese Kräuter schuf der weise Herr, der Heilige im Himmel, als er hing; setze und sandte in sieben Welten den Armen und Reichen, allen zur Hilfe ...

ÜBERSETZUNG AUS DEM ANGELSÄCHSISCHEN

Bei der Anlage von Bürgergärten lag ein Schwerpunkt auf der Gestaltung.

Kräutergärten waren stets eingefriedet und ließen eine gewisse Ordnung erkennen.

Leonhart Fuchs (1541)

Vorläufer der heutigen botanischen Gärten waren meist pharmazeutische Gärten.

Während des Übergangs vom Mittelalter zur Neuzeit im 13. und 14. Jahrhundert gaben die Klöster ihre Monopolstellung bezüglich der medizinischen Versorgung allmählich auf. Gleichzeitig wuchs das Interesse an Natur und Gärten in allen Bevölkerungsschichten. So schuf Albertus Magnus im 13. Jahrhundert ein frühes wissenschaftliches Werk, in dem er auch das damals bekannte Pflanzenreich beschrieb. Albertus legte seinen Garten nicht mehr als reinen Nutzgarten an, er war vielmehr bestrebt, einen Garten für den Gaumen (Obst) und das Gemüt (Blumen) zu schaffen. Auch er lehnt seine Gartenordnung an die alten Kreuzganggärten an.
Durch die Erfindung der Buchdruckkunst im 15. Jahrhundert erlebten die Kräuterbücher der Antike und des Mittelalters eine Renaissance. Gleichzeitig erwachte bei vielen Menschen das Interesse an der genauen Beobachtung der Natur. Insbesondere das Bildungsbürgertum wandte sich den neu entstehenden Naturwissenschaften zu. Viele Autoren versuchten, die Pflanzen in der Natur wiederzufinden und möglichst genau zu beschreiben. Von großem Einfluss waren die Werke von Otto Brunfels, Hieronymus Bock und Leonhart Fuchs, die seit dem 19. Jahrhundert als Väter der Botanik bezeichnet wurden.

Rosmarin stärkt das Hirn und allerley Sinne. Es ist gut zu zitternden und lahmen Gliedern.
LEONHART FUCHS

Knoblauch macht Neygung zum Schlaff und Lust zu den ehelichen Wercken.
LEONHART FUCHS

Unter allen Stauden ist kaum ein Gewechs über die Salbey, denn es dienet dem Arztet, Koch, Keller, Armen und Reichen.
HIERONYMUS BOCK

Der Lehrgarten

Mit fortschreitender Kenntnis der einheimischen Flora wurden auch fremdländische Kräuter interessant. Ende des 15. Jahrhunderts entdeckte Christoph Kolumbus Amerika und im Rahmen der anschließenden Kolonisierung wurden zahlreiche Pflanzen in Europa eingeführt. Die Folge war, dass sich das Artenspektrum unserer Kulturpflanzen nachhaltig änderte. Recht bald entstanden in Europa die ersten medizinisch-pharmazeutischen Universitätsgärten, die Vorläufer der heutigen botanischen Gärten. Die Gärten wurden angelegt, um den Studenten inländische und ausländische Heilpflanzen demonstrieren zu können. Die Betrachtung der Kräuter in der Natur half, die Beobachtungsgabe zu schulen und die botanischen Kenntnisse aufzufrischen. Daran hat sich bis heute nichts geändert. Ende des 19. bis Anfang des 20. Jahrhunderts entwickelten sich aus Schulgärten oder Parks auch städtische Lehrgärten. Ihre Aufgabe war es, das Interesse der Bürger an der Natur zu fördern. Dieser Idee folgend, wurden zahlreiche Grüne Schulen gegründet, in denen bis heute Schulklassen unterrichtet werden. Die Grünen Schulen leisten in der Ausbildung unserer Kinder einen wesentlichen Beitrag zum Verständnis der Natur.

Ein Garten für jeden, der Schrebergarten

Im 19. Jahrhundert gab es bei uns eine neue Gartenbewegung. In Leipzig wurde der Schreberplatz angelegt, ein Spielplatz, der helfen sollte, die Gesundheit der Kinder zu fördern. Bald wurden an diesem Platz auch Gärtchen angelegt, in denen Kinder das Gärtnern lernen konnten. Schon bald griffen die Eltern selbst zu Hacke und Spaten, der Schrebergarten war geboren. Es entstand eine Anlage mit 100 Gärten, die schnell zum Vorbild für andere Städte wurde. Heute bieten Kleingartenanlagen Land für den Anbau von Kulturpflanzen und Naherholung am Rande großer Städte.

Barockgärten beherbergten häufig auch Gemüse und Kräuter.

Der formale Garten ist das Markenzeichen des Barocks.

Bauerngärten

Bauerngärten stehen heute für Romantik pur. Viele Menschen haben ihre Wurzeln im ländlichen Raum und erinnern sich gern an Omas Garten. Ob duftende Kräuter, bunte Blumen oder schmackhaftes Gemüse, der Bauerngarten ist immer ein Fest für alle Sinne.

Der bäuerliche Hausgarten

Von jeher diente der bäuerliche Hausgarten der Versorgung der Familien auf dem Land. Seine Wurzeln reichen teilweise bis in die germanische Zeit zurück. Allerdings können wir davon ausgehen, dass die Gärten uralter Zeiten ausschließlich der Produktion von Nahrungsmitteln dienten. Erst sehr viel später entwickelten sich aus den reinen Nutzgärten die uns heute bekannten Gartenformen. Wesentliche Impulse gaben dazu vor allem die mittelalterlichen Klostergärten sowie die Herrschaftsgärten des Barocks. Bauerngärten waren immer als Nutzgärten konzipiert und prägten über lange Zeit das Gesicht unserer Dörfer. Bevölkerungswachstum und zahl-

Bauerngärten waren immer eingezäunt und lagen häufig auf Wiesen.

reiche Klostergründungen formten unsere Gesellschaft und Landschaft im Mittelalter. Vor allem die Kenntnisse der Zisterzienser brachten den Landbau zum Florieren und auch ihre Klostergärten zeugten immer von höchster Gartenkultur. Benachbarte Bauern standen in engem Kontakt mit den Klöstern, sie bearbeiteten das Klosterland und ihre Frauen mussten für das Kloster spinnen und weben. Wurden sie krank, so konnten sie sich in den Hospitälern der Klöster behandeln lassen. Es liegt auf der Hand, dass die Bauern Kulturpflanzen und Gartenbautechniken von den Mönchen übernahmen. Kräuter, Obst und Gemüse zogen aus den Klostergärten bald auch in die zunächst bescheidenen Gärten der Bauern ein. So ist es kein Wunder, dass Walahfrids *Hortulus* und auch andere Elemente der Klostergärten bis heute in unseren Bauerngärten wiederzuerkennen sind. Auch die Hochbeetkultur wurde übernommen und galt bis in das 17. Jahrhundert als wichtigste Kulturform.

Buchshecken in geometrischen Formen machen den Bauerngarten aus.

Mischkulturen fördern das Wachstum und die Gesundheit der Pflanzen.

Altes Bauernwissen

Zu ihrem Schutz waren Bauerngärten immer mit Zäunen oder mit dichten Hecken aus verschiedenen Sträuchern umfriedet. Die wichtigsten Heckengehölze waren Holunder, Hundsrose, Hasel, Schlehe, Weißdorn und Kornelkirsche. In den Beeten wurden in erster Linie Gemüse sowie Heil- und Gewürzkräuter und später auch Blumen angebaut. Das Obst wuchs meist auf extensiv genutzten Wiesen. Während in den Klostergärten die Pflanzenkulturen strikt getrennt wurden, legten die Bäuerinnen meist Mischkulturen an. So wuchsen Kräuter, Blumen und Gemüse stets in positiver Nachbarschaft. Dabei spielten die Pflege der Böden und die Gesundheit der Kulturpflanzen die entscheidende Rolle. Angeregt durch die Erfolge der Dreifelderwirtschaft, wurden auch die Gärten in Quartiere aufgeteilt. Diese wurden in jedem Jahr mit anderen Kulturen bepflanzt. Stark und schwach zehrende Gemüsearten wechselten sich ab und als Zwischenkultur wurden Kräuter angebaut. Zu gesundem Wachstum und reichen Ernten trugen auch die Kompostwirtschaft und die Verwendung von Kräuterjauchen bei. Meist wurde der Zeitpunkt von Aussaat und Ernte nach Mondphasen berechnet. Die vielfältigen, im Garten gesammelten Erfahrungen wurden mündlich über viele Generationen weitergegeben. So entstanden auch die heute noch bekannten, oft belächelten Bauernregeln.

Buchshecken geben den Beeten interessante Formen.

Klassische Bauerngärten verfügen über Kreuzgänge.

Bauernregeln

Die uns teilweise noch heute bekannten Bauernregeln basieren auf langjährig gesammelten Beobachtungen des Wetters. Da gerade die Bauern auf das Wetter angewiesen waren und auch immer noch sind, ist es nicht verwunderlich, dass diese ihre Beobachtungen in Form von Reimen festhielten, beispielsweise:
Blüh'n die Disteln reich und voll, ein schöner Herbst dir blühen soll.
Regnet's in die Hopfenstecken, wird das nächste Bier nicht schmecken.
Werden früh die Wiesen bunt, labt ein edler Wein den Mund.
Ist der Nussbaum früchteschwer, kommt ein harter Winter her.

Der Bauerngarten im Wandel der Zeit

Mit der Entdeckung der neuen Welt kamen nach und nach neue Pflanzen zu uns und zogen auch in die Bauerngärten ein. Es dauerte nicht lange, da waren diese in ihrer Pflanzenvielfalt kaum zu überbieten. Im Zeitalter der Renaissance und des Barock eroberten Formgehölze, meist Eiben und Buchsbaum, die Herrschaftsgärten. Sie erhielten Blickachsen und ihre Beete streng symmetrische Formen. Diese Modeerscheinung blieb nicht ohne Einfluss auf die Bauerngärten. Kräuter- und Gemüsebeete wurden fortan mit Buchsbaumhecken eingefasst.
Der Bauerngarten bestand meist aus einem Mittelgang mit seitlichen Beeten. Grö-

Bauerngärten – romantisch, vielfältig, natürlich

ßere Gärten wurden häufig in Kreuzform angelegt, und in der Mitte gab es einen Rosenstock, einen Brunnen oder ein Blumenrondell. Die Wege bestanden meist aus gestampfter Erde, Sand oder Kies, und nur wohlhabende Bauern konnten ihre Gartenwege mit Ziegelsteinen oder Steinplatten pflastern. Spätestens jetzt war der Bauerngarten nicht mehr nur reiner Nutzgarten, er diente häufig auch der Repräsentation. Im 20. Jahrhundert wurden die alten Bauerngärten vielerorts von Ziergärten verdrängt. Landwirtschaft und Gartenbau wurden nahezu industrialisiert, Nahrungsmittel wurden preisgünstig, und arbeitsintensive Nutzgärten galten als Auslaufmodell. Mit dieser Entwicklung ist uns leider auch ein Stück Heimat und Kultur verloren gegangen und es ist gut, dass heute das Bedürfnis nach Natürlichkeit und guter Ernährung wieder wächst. Somit liegt der alte Bauerngarten vielerorts wieder im Trend.

Kräuter, die in keinem Bauerngarten fehlen dürfen

ein- und zweijährig	mehrjährig
Bohnenkraut	Fenchel
Borretsch	Knoblauch
Dill	Lavendel
Kamille	Liebstöckel
Kerbel	Melisse
Koriander	Minze
Kümmel	Salbei
Petersilie	Schnittlauch
Senf	Thymian

Pfarrgärten – Orte der Begegnung

In protestantisch geprägten Gebieten haben Pfarrgärten eine besondere Tradition. Anlage und Pflanzenkulturen erinnern uns oft an die Klostergärten des Mittelalters. Pfarrgärten lagen inmitten der Dörfer und dienten der Versorgung der Pfarrer und ihrer Familien.

Die Entstehung der Pfarrgärten

Das 16. Jahrhundert war geprägt von einer tiefgreifenden Erneuerung der Gesellschaft, der Reformation. Schon im frühen 16. Jahrhundert gründete die Familie Luther im ehemaligen Augustinerkloster in Wittenberg das erste evangelische Pfarrhaus und schuf damit eine eigene evangelische Tradition. Die Pastoren wurden zunächst nicht staatlich besoldet, sondern ausschließlich in Naturalien bezahlt. Damit waren sie stets vom Wohlwollen der Grundbesitzer und von der Ernte der Gemeinde abhängig. Da war es hilfreich, dass Pfarrhäuser über große Gärten verfügten, die der Pfarrfamilie im Wesentlichen zur Selbstversorgung dienten. Angebaut wurden Kräuter, Gemüse, Hülsenfrüchte und später Kartoffeln sowie Birnen, Äpfel, Nüsse und Zwetschgen. Viele Pfarrer hielten auch Bienenvölker, ihr Honig wurde gehandelt und das Wachs für Altarkerzen genutzt. Bereits Luther sollte reges Interesse am Gärtnern haben und brachte Kräuter, Obst, Gemüse und Blumen von seinen Reisen mit.

Pfarrgärten beherbergten zahlreiche Symbolpflanzen, beispielsweise Lilien.

Der Pfarrgarten diente immer der Ernährung der Pastorenfamilie.

Viele Pfarreien waren umfangreiche Anwesen und mussten von den Pastorenfamilien versorgt werden. Dazu gehörten auch Wiesen und Äcker, Waldanteile und Teiche, die meist an benachbarte Bauern verpachtet wurden. Die Bauern leisteten Abgaben in Form von Naturalien und Dienstleistungen auf der Pfarrei. Die Gärten selbst bestanden aus Obstwiesen, Gemüse- und Kräuterbeeten und häufig einem Parkteil. Dieser Park diente der Erholung und war gleichzeitig Quelle der Inspiration.

Pfarrgärten lagen meist mitten im Dorf und wurden mit Zäunen geschützt.

... und ihre Weiterentwicklung

Im Laufe der Jahrhunderte nahmen Pfarrgärten zunehmend Elemente alter Klostergärten auf. Der Königlich-Preußische Hofgartendirektor Ferdinand Jühlke (1815 bis 1893) beschrieb sehr anschaulich die Gestaltung der Pfarrgärten des 18. Jahrhunderts. Demnach können wir uns symmetrisch angelegte Gärten mit Laubengängen und Formgehölzen vorstellen. Der christlichen Tradition entsprechend war der Mittelpunkt des Gartens ein mit Kräutern oder Buchsbaum eingefasster Kreuzweg. Kräuter und Gemüse wuchsen in symmetrisch angeordneten Beeten mit immergrünen Einfassungen. In der Nähe der Häuser dominierten Blumenbeete, die ebenfalls eingefasst waren. Die aufwendigen Gärten wurden sorgfältig gepflegt, da die Pfarrgärten zentral und daher immer im Blickpunkt des öffentlichen Interesses lagen. Im 18. Jahrhundert, dem Zeitalter der Aufklärung, stabilisierten sich die Besitzverhältnisse im Land und auch die Lage der Pastoren wurde besser. Sie wurden fortan staatlich besoldet, und in den Pfarrhäusern entfaltete sich eine reiche Kultur. Zahlreiche Geistliche beschäftigten sich mit Pflanzenzucht und Gartenarchitektur, tauschten sich untereinander aus und wurden zu echten Pflanzenkennern. Der Pfarrer war Geistlicher, Naturkundler und Gärtner in einem. So konnte so manche alte Kulturpflanze im Pfarrgarten die Zeiten überstehen. Pfarrhaus und Pfarrgarten standen der Bevölkerung stets offen. Besonders die Gärten waren immer auch Versammlungsorte und Festwiesen, so schufen sie Freiräume für Austausch und Begegnung.

Im 19. Jahrhundert waren die Pastorenfamilien kaum noch auf Selbstversorgung angewiesen und die wirtschaftliche Bedeutung des Pfarrgartens ging verloren. Ihrer ursprünglichen Funktion weitestgehend beraubt, fristeten die großen Pfarrgärten ein unverdientes Schattendasein. Wegen des immensen Pflegeaufwandes solcher Anlagen sind viele Gärten ungeachtet ihres gartenhistorischen Wertes bis heute von der Zerstörung bedroht.

Kräuter in der christlichen Symbolik

Pflanzensymbole begleiten uns Menschen schon sehr lange Zeit. Einzelne Pflanzenteile waren immer wieder Vorbild für Architektur und Kunst, und viele Pflanzen helfen uns Menschen das auszudrücken, was Worte nicht sagen können. Die Rose zum Beispiel galt schon immer als ein Zeichen der Liebe und zahlreiche Pflanzen stehen für Hoffnung oder Trauer. Den tieferen Sinn der Pflanzensymbolik erkennen wir, wenn wir wie unsere Vorfahren bereit sind, den Pflanzen gewisse Eigenschaften zuzusprechen. Pflanzenkenner, feinfühlige Menschen und auch Geistliche machen es uns bis heute vor. Wir verfügen über eine breite Palette an Pflanzen, die uns dabei helfen, beinahe alle Bereiche des Lebens aus-

Pflanzen und ihre Symbole

Pflanzensymbole	Pflanzen
Abwehr des Bösen	Hasel, Immergrün, Lavendel, Mistel, Schafgarbe
Demut	Akelei, Erdbeere, Maiglöckchen, Veilchen
Dreieinigkeit	Akelei, Erdbeere, Leberblümchen, Stiefmütterchen
Duft	Lavendel, Minze, Rose, Rosmarin, Thymian
Ehe	Efeu, Myrte
Erinnerung	Immergrün, Lavendel, Thymian, Vergissmeinnicht
Ewiges Leben	Buchsbaum, Immergrün, Lorbeer
Freundschaft	Efeu, Ginkgo, Immergrün, Verbene, Weinrebe
Fruchtbarkeit	Apfel, Efeu, Eiche, Hasel, Kürbis, Mistel, Mohn, Myrte
Geheimnis	Farn, Lavendel, Rose
Glaube	Feige, Iris, Ysop
Hoffnung	Anemone, Krokus, Lilie, Primel, Veilchen, Weide
Jungfräulichkeit	Lavendel, Lilie, Lorbeer, Myrte, Maiglöckchen, Rose
Leidenschaft	Aronstab, Granatapfel, Heide, Minze
Liebe	Artemisien, Enzian, Lilie, Maiglöckchen, Minze, Mohn, Myrte, Rose, Rosmarin, Veilchen, Vergissmeinnicht
Mariensymbole	Akelei, Buchsbaum, Efeu, Erdbeere, Iris, Johanniskraut, Lavendel, Lilie, Primel, Rose, Rosmarin, Thymian, Veilchen
Reinheit	Gänseblümchen, Immergrün, Lavendel, Lilie
Tod	Efeu, Eibe, Eisenhut, Mohn, Narzisse, Lilie, Rose, Salbei
Treue	Buchsbaum, Efeu, Immergrün, Mistel, Veilchen, Verbene, Vergissmeinnicht

Pastoren waren häufig auch großartige Gärtner und Pflanzenkenner.

drücken zu können. Es ist daher sehr leicht nachzuvollziehen, dass sich auch unsere Religion, das Christentum, zahlreicher Pflanzensymbole bedient hat. So wurde das Paradies von jeher als ein Garten beschrieben und auch die Vertreibung Adams und Evas aus dem Paradies ist mit einem Pflanzensymbol (Apfel, genauer Granatapfel) eng verbunden. Besonders verbreitet sind bis heute die sogenannten Mariensymbole, das sind Sinnbilder, die sich auf die Mutter Jesu beziehen. Zu den Mariensymbolen zählen zahlreiche Pflanzen, Tiere und Gestirne. Nehmen wir das Beispiel Erdbeere. Die dreiteiligen Blätter stehen für die Dreieinigkeit, ihre rote Frucht steht für das Blut Christi und die fünfteilige Blüte für die fünf Wunden Jesu. Ihr niedriger Wuchs gilt als Symbol von Demut und Bescheidenheit. Die Schlüsselblume, ein Frühlingsblüher, wird als Mariensymbol verwendet, weil Maria uns gemeinsam mit ihrem Sohn Jesus den Himmel aufschließt. Die rote Rose zum Beispiel weist auf die Wunden Christi hin und symbolisiert gleichzeitig die Schale, die das Blut auffing. Neben der Rose gilt die weiße Lilie als Marienblume schlechthin und durfte in keinem Kloster- oder Pfarrgarten fehlen. Sie gilt damals wie heute als Symbol der Reinheit, Unschuld und Jungfräulichkeit. Im Laufe der Jahrhunderte haben wir uns dermaßen an die Pflanzen als Ausdruck von Trauer, Liebe und Festschmuck gewöhnt, dass uns ihr tieferer Sinn nicht immer gegenwärtig ist.

Apothekergärten

Als die Klöster langsam ihre Bedeutung als Heilzentren verloren, entwickelte sich nach und nach der Berufsstand der Apotheker. Sie ließen sich in den Städten nieder, übernahmen die Versorgung der Kranken und legten sich prächtige Apothekergärten an.

Vorgänger der Apotheker – Kräuterweiber und Druiden

In unserem Kulturkreis gab es vermutlich von Anbeginn aller Zeiten Frauen, die als kräuterkundig galten und sich um die Versorgung ihrer Familien mit Heilkräutern und Gewürzen kümmerten. Aus dem keltischen Kulturkreis sind uns die Druiden bekannt. Sie waren Seher, Zauberer und Heiler und kannten sich in der Kräuterkunde bestens aus.

Apotheken waren stets auf Rohstoffe bester Qualität angewiesen.

Kräuterfrauen und Druiden nutzten Kräuter, die sie in ihrer Umgebung sammelten und mit deren Anwendung sie eng vertraut waren. Ihre Kenntnisse gaben sie meist mündlich weiter.

Der Handel mit Kräutern

Ab dem frühen Mittelalter, nicht zuletzt durch zahlreiche Klostergründungen, wurden auch fremdländische Kräuter bei uns bekannt. Es entwickelte sich ein reger Handel mit Heilkräutern und Gewürzen. Legendär waren die Drogen- und Gewürzbasare in der arabischen Welt.
Der Beginn der Kreuzzüge im 11. Jahrhundert ist auch der Beginn einer neuen Blüte des Gewürzhandels. Gehandelt wurde vor allem mit Zimt, Muskatnuss, Koriander, Rosen- und Orangenwasser sowie Mandeln. Venedig wurde zum Importhafen für ganz Europa. Die arabischen Gewürzhändler und auch die heilkundigen Mönche der abendländischen Klöster können wir als Vorläufer der Apotheker bezeichnen. Das Wort Apotheke stammt übrigens aus dem Griechischen und bedeutet Aufbewahrungsort. Aus unseren Klöstern kennen wir die *apotheca*, eine Kammer, die zur Aufbewahrung von Heilkräutern diente.

Zur schnellen Orientierung waren die Kräuterbeete streng geordnet.

Der Apotheker und sein Garten

Aber erst das Jahr 1241 gilt als die Geburtsstunde des Apothekerberufes. Kaiser Friedrich II. (1194 bis 1250) erließ das *Edikt von Salerno*, eine Medizinalordnung, die erstmals die Berufe Arzt und Apotheker trennte. Ärzte durften keine Apotheke besitzen oder daran beteiligt sein und Arzneimittelpreise wurden gesetzlich festgeschrieben. Diese Medizinalordnung wurde Vorbild für Apothekenordnungen in ganz Europa. Der Apotheker war ursprünglich ein fahrender Händler, der seine Waren in offenen Verkaufsständen anbot. Er war Kaufmann und handelte mit Heilkräutern, Drogen und Gewürzen. Das Mittelalter war bei uns von starkem Bevölkerungswachstum geprägt. Als Konsequenz fehlte es besonders in den Städten an Hygienebewusstsein und ausreichender Infrastruktur. Verheerende Seuchen waren die Folge und führten ab dem 14. Jahrhundert zu

Homöopathie

Die Homöopathie ist eine alternativmedizinische Behandlungsmethode und basiert auf den Vorstellungen des Arztes Samuel Hahnemann. Sein Grundprinzip war es, Ähnliches mit Ähnlichem zu heilen. Demnach wird ein homöopathisches Arzneimittel so ausgewählt, dass es an Gesunden ähnliche Symptome hervorrufen könnte wie die, an denen der Kranke leidet. Homöopathische Arzneimittel werden hergestellt, indem die Grundstoffe schrittweise mit Wasser, Alkohol oder Milchzucker verschüttelt oder verrieben werden (Potenzierung), teilweise so lange, bis der Ausgangsstoff nicht mehr nachweisbar ist. Hahnemann nahm an, dass durch die Potenzierung die „im inneren Wesen der Arzneien verborgene, geistartige Kraft“ wirksam werde.

Schilder helfen, um eine Verwechslung der Kräuter zu vermeiden.

einem starken Wachstum des Berufsstandes der Apotheker. Sie ließen sich in den Städten nieder und wurden zu angesehenen Bürgern. Ihre Apotheken waren oft prachtvolle Bürgerhäuser, in denen sie auch selbst Arzneimittel herstellten. Noch waren Kräuterweiber oder Händler Zulieferer von Arzneikräutern. Bald jedoch konnte der steigende Rohstoffbedarf nicht mehr aus Wildvorkommen gedeckt werden. Viele Apotheker begannen, ihre Heilkräuter selbst anzubauen, und legten teilweise prächtige Gärten an. Das machte sie unabhängig von Rohstofflieferungen und hatte den Vorteil, dass sie keine Verfälschungen von Drogen erwarben. Apothekergärten waren meist formale Gärten, in denen Heilkräuter streng nach Anwendungsgebieten sortiert wuchsen. Ganz sicher wurde schon damals auch mit giftigen Pflanzen experimentiert. Schnell reichten die Gärten hinter den Häusern zur Versorgung der Apotheken nicht mehr aus. Seit dem ausgehenden Mittelalter wird zunehmend über feldmäßige Kulturen von Heilpflanzen berichtet, erwerbsmäßiger Anbau ist uns bereits aus dem 16. Jahrhundert bekannt.

Heilpflanzen in der Landwirtschaft

Im 17. und 18. Jahrhundert entwickelten sich die deutschen Apotheken von Orten der Arzneimittelherstellung langsam auch zu Orten der Arzneimittelerforschung. Beflügelt von den errungenen Erfolgen nahm in der ersten Hälfte des 19. Jahrhunderts der Bedarf an Arznei- und Gewürzpflanzen nochmals zu. Seit der Entdeckung des Alkaloids Morphin durch Friedrich Wilhelm Sertürner (1804) zeigte die medizinische Forschung starkes Interesse an alkaloidhaltigen Arzneipflanzen. Auch die neu entstandene Therapierichtung Homöopathie verbrauchte große Mengen an Frischpflanzen, und Pflanzenextrakte spielten in der Schulmedizin immer noch eine große Rolle. Die Parfümherstellung

erlebte einen lebhaften Aufschwung und es entwickelte sich eine pharmazeutische Industrie. Der Anbau von Heilpflanzen breitete sich in vielen Teilen Deutschlands aus, ein Schwerpunktgebiet wurde Thüringen. Anfang des 19. Jahrhunderts wurden zahlreiche Bücher mit Anleitungen zum Anbau von Heilkräutern veröffentlicht. Bekannt wurde *Der Apothekergarten* von Herrmann Jäger (1859). Jäger war großherzoglich sächsischer Hofgärtner und hinterließ ein praxisorientiertes Werk. Er galt als großer Förderer des Heil- und Gewürzpflanzenanbaus in Deutschland. Den größten Teil ihrer Drogen bezogen Industrie und Apotheker jedoch längst aus dem Ausland.
Wegen der rasanten Entwicklung der pharmazeutischen Industrie mussten sich die Apotheken zum Ende des 19. Jahrhunderts noch einmal stark umstellen. Die Herstellung von Arzneimitteln war nicht mehr zentrale Aufgabe, die Apotheke beschäftigt sich zunehmend mit der Beratung rund um Arzneimittel und die Prüfung ihrer Qualität.

Kräuterheilkunde heute

Pflanzliche Arzneimittel spielen auch in unserer Heilkunde eine große Rolle und sind bei der Anwendung von Naturheilverfahren nicht wegzudenken. Heilkräuter bilden eine wesentliche Grundlage für alternative Heilkundeverfahren wie die klassische Homöopathie, die Traditionelle Chinesische Medizin (TCM), die ayurvedische oder auch die indianische Medizin. Die Weltgesundheitsorganisation (WHO) schätzt, dass heute etwa drei Viertel der Weltbevölkerung Kräutermedizin verwenden.

Übersichtlichkeit und klare Strukturen zeichneten Apothekergärten aus.

Altes Kräutergärtnerwissen

» *Die Natur wird nie dem Menschen folgen, sondern der Mensch hat die Gesetze der Natur zu befolgen.* «

Plinius der Ältere

Die Grundlagen des Kräutergärtnerns

Der erfolgreiche Gärtner bezieht sein Wissen stets aus der Natur. Er beobachtet Boden, Pflanzen und Wetter. Den natürlichen, idealen Gartenstandort gibt es selten. Wir sind gefordert, in unserem Garten auf die Bedürfnisse unserer Pflanzen einzugehen.

Die Ausrichtung des Kräutergartens

Kräuter haben zum Teil recht unterschiedliche Anforderungen an ihre Umgebung. Sie benötigen Wasser, Nährstoffe und möglichst viel Wärme. Fühlen sie sich an ihrem Standort wohl, werden sie selten von Krankheiten und Schädlingen befallen.
Voraussetzungen für einen erfolgreichen Kräuteranbau sind das Klima und der Boden. Höhenlage, Niederschläge, Wind und Schatten bilden ein Kleinklima und beeinflussen das Pflanzenwachstum genauso wie der Boden. Durch eine geschickte Planung des Gartens können ungünstige Wachstumsbedingungen verbessert werden. Am allerwichtigsten ist die Lage des Gartens. Günstig für Kräuter ist ein nach Süden oder Südosten ausgerichteter Hang. So liegt der Garten schön sonnig, kann viel Wärme aufnehmen und ist für die meisten Kräuter sehr gut geeignet. Bei einer solchen Lage ist es wichtig zu beachten, dass Bäume, Sträucher und Kräuter früh austreiben und dadurch auch spätfrostgefährdet sind. Also Vorsicht mit der Verwendung von extrem wärmebedürftigen Gehölzen und Kräuter bei Spätfrösten gut schützen! Nord-, West- oder Osthänge

Ein neuer Kräutergarten muss gut geplant und angelegt werden.

Ein geschützter Südhang eignet sich ideal für Kräuterbeete.

bieten sich für den Kräutergarten weniger an, sie sind nicht so besonnt und daher besser für die Kultur von Obst geeignet.
Auch Bergkuppen sind für Kräutergärten nur bedingt geeignet. Liegen die Gärten dort ungeschützt, sind sie dem Wind stark ausgesetzt. Folglich sind die Luft- und Bodentemperaturen niedriger und die Pflanzen verbrauchen mehr Wasser. Das ist auch einer der Gründe, warum Kräuter- und Nutzgärten auf Bergkuppen immer im Schutz von Kloster- oder Burgmauern lagen. Auch Talsohlen sind für die Anlage von Gärten nicht immer geeignet. Abfallende Winde und Fröste können keimende Aussaaten und frühe Obstblüten stark schädigen.

Das Wasser

Wasser ist von jeher der Ursprung allen Lebens. Daher war der Wert einer Quelle, eines sauberen Baches oder eines Brunnens im Garten sehr hoch. Das kostbare Wasser wurde nur bei großer Trockenheit im Garten verwendet.
Für ein gesundes Pflanzenwachstum ist auch die Wasserqualität von entscheidender Bedeutung. Für Kräutergärten ist in der Regel gesammeltes Regenwasser ideal. Leider kann es nicht immer und überall in der benötigten Menge gesammelt werden. Um Wasser zu sparen, waren daher schon immer die richtigen Kulturmethoden gefragt. Aus Kloster- und Bauerngartentradition sind uns Mischkulturen, Mulchen und regelmäßiges Hacken bekannt. Werden diese Methoden konsequent angewendet, muss im Kräutergarten nur in langen Trockenperioden gegossen werden.

Zum Gießen ist Regenwasser die beste Wahl.

Der gesunde Boden

Gesunde Böden sind voller Leben und speichern Wärme, Wasser und Luft. Haben Bodenlebewesen genug Nahrung, lockern, wärmen und lüften sie uns den Boden permanent. Grundsätzlich gilt, je humoser ein Boden ist, desto besser können die Bodenlebewesen in ihm arbeiten. Auch wir Menschen können den Boden nachhaltig verbessern, das macht altes Gartenland so wertvoll. Sandige Böden sind leicht und erwärmen sich schnell, allerdings kühlen sie genauso schnell wieder ab. So hat auch der Frost ein leichtes Spiel und kann die Pflanzen schädigen. Zu verbessern sind Sandböden durch regelmäßige Gaben von Kompost, Mist und auch Tonmehl. Tonböden sind dagegen schwer, kalt und nass. Sie können durch regelmäßige Gaben von Kompost und Sand stark verbessert werden. Ideal für Kräuter sind Lehmböden. Sie haben einen hohen Humusanteil, speichern gut Nährstoffe und haben ein ausgewogenes Verhältnis von Wasser und Luft.

Die Gestaltung eines Kräutergartens

Kräuter sind meist Wildpflanzen und neigen daher fast immer dazu, zu verwildern. Aus diesem Grund war und ist es notwendig, den Pflanzen einen festen Rahmen zu geben. Gut gestaltet sind Kräutergärten damals wie heute ein Fest für die Sinne.

Zum Schutz der Kräuter – die Einfriedung

Schon immer waren Gärten durch Hecken, Mauern oder Zäune geschützt. So wurden Tiere und auch Menschen ferngehalten und auch die Pflanzen profitierten davon. Die meisten Kräuter sind sehr wärmebedürftig und mögen keinen Wind. Aus diesem Grunde lagen die Kräutergärten der Klöster und Burgen immer auf der Südseite von größeren Gebäuden oder waren von hohen Mauern umgeben. Auch in den Bauerngärten waren die Kräuterbeete mindestens durch Hecken geschützt. So entstanden Räume des Rückzugs und die Kräuter erhielten ein für ihr Wachstum günstiges Kleinklima. Dazu müssen die Abgrenzungen weder groß noch massiv sein.

Mauern

Die ideale Einfriedung für Kräuter sind Mauern, die Wind und Frost abhalten, viel Wärme speichern und so die Pflanzen

Mauern speichern Wärme und schützen wärmeliebende Kräuter.

Viele Kräuter gedeihen sehr gut im Schutz von Hauswänden.

Das Zentrum des von einer Mauer eingerahmten Kräutergartens ist ein guter Platz für Kübelpflanzen.

schützen. Allgemein gilt, je höher die Mauer gebaut ist, umso wirksamer ist der Schutz. Doch Vorsicht, massive Mauern erzeugen schädliche Turbulenzen. Burg- oder Klostermauern wurden daher häufig mit Zinnen gebaut oder ornamental durchbrochen. Selbst halbhohe Mauern haben eine sehr positive Wirkung auf die Pflanzen. Auch lose aufgeschichtete Trockenmauern (siehe auch S. 56) sind zur Einfriedung eines Kräutergartens bestens geeignet. Sie speichern Wärme, schützen die Pflanzen und bieten zahlreichen Kräutern zusätzlichen Lebensraum. In kleineren Gartenanlagen allerdings wirken umlaufende Mauern eher übertrieben und störend. Es ist dort schöner, nur eine Mauer zu errichten und die einzelnen Gartenteile durch niedrige Zäune oder Hecken zu markieren. Zum Aufschichten von Mauern wurden früher vielerorts Feld- und Flusssteine gesammelt.

Hecken

Einen idealen Windschutz stellt auch die Pflanzung von Hecken dar. Alte, große Bauerngärten, die meist frei in der Landschaft lagen, waren daher häufig mit Wildfruchthecken aus Kornelkirschen, Holunder, Hasel, Schlehen oder Weißdorn eingefriedet. Allerdings sind für den heute meist kleinen Hausgarten Rosen-, Liguster- oder Buchenhecken besser geeignet. Hecken schützen vor Frost und dämpfen die Windkraft, ohne die Luft dabei zu verwirbeln. Ihre Wirkung für den Garten ist enorm, die Tiefe des Schutzraumes reicht bis zum Fünfzehnfachen der Höhe der Hecken.

Selbst in den einzelnen Beeten lässt sich das Kleinklima noch verbessern. Im Zeitalter des Barocks zog der Buchsbaum flächendeckend in unsere Gärten ein. Niedrige Buchshecken bremsen den Wind und bilden ein für Kräuter günstiges Kleinklima. Buchsbaum ist im Kräuter- oder Bauerngarten also nicht nur gestalterisch von großem Wert, er hat auch einen höchst praktischen Nutzen.

Zäune

War für eine Hecke keine ausreichende Fläche vorhanden, wurde um Bauerngärten oft ein Staketenzaun gesetzt. Um wirkliche Bauerngartenromantik in den Kräutergarten zu integrieren, verwenden wir heute einfache Staketen- oder Lattenzäune aus gespaltenem Kastanienholz. Staketenzäune sind universell einsetzbar und in verschiedenen Größen erhältlich, es gibt sie heute als feste Elemente oder als Rollzäune. Zum Aufbau der Zäune müssen die Stützposten stabil sein und gut im Boden verankert werden.
Ein mittelalterliches Ambiente schaffen Flechtzäune aus Weide. Der Werkstoff ist günstig und äußerst flexibel. Allerdings ist das Flechten von Zäunen eine mühselige Arbeit, oft ist es besser, nach fertigen Elementen Ausschau zu halten. Besonders schön ist es, wenn alte Zäune mit Kräutern oder Blumen bepflanzt werden, das wirkt romantisch und erinnert an längst vergangene Zeit.

Die hohe Hecke gewährt Kräutergärten einen idealen Schutz.

Besonders wichtig im Garten – die Wege

Jeder Garten benötigt ein ausreichendes Netz von Wegen. Sei es aus gestalterischen Gründen oder auch nur, um einzelne Gartenteile miteinander zu verbinden. Es gibt zahlreiche Möglichkeiten, Wege zu gestalten, die wichtigste Entscheidung betrifft den Belag. Während die Nutzgärten über viele Jahrhunderte über ein Wegenetz aus gestampfter Erde verfügten, stehen heute Wegplatten, Pflaster, Holz, Mulch oder Kies zur Auswahl.
Gerade der Wegebau muss umfassend geplant werden. Zuerst werden Beetform und -größe festgelegt und dabei auch Ein- und Ausgänge in den Garten, Blickachsen, Solitärs und Sitzplätze berücksichtigt. Auch der Weg zum Kompost darf dabei nicht vergessen werden.

Wege im formalen Garten

Für formal angelegte Gärten sind die Wege häufig Mittel der Gestaltung. Blickachsen, Beete und Kreuzgänge werden durch Wege gekennzeichnet. Formale Gärten erfordern geometrisch angeordnete Wege mit einheitlichem Belag. Angelehnt an die Gärten der Renaissance sind hier Kieswege die beste Wahl. Auch für Bauerngärten sind die Wege ein sehr wichtiges Gestaltungsmerkmal. Sie waren meist rechtwinklig angelegt und bestanden, je nach Geldbeutel, aus gestampftem Lehm oder wurden mit einem schönen Belag aus Ziegeln oder Basalt gebaut.

Wege im naturnahen Garten

Naturnahe Gärten haben meist geschwungene Wege aus Natursteinplatten oder Kies.

Gartenzäune können ein wunderbares Gestaltungselement sein.

Natursteine sind ein passender Wegbelag für Kräutergärten.

Schön ist es, wenn Kräuter auch auf den Wegen wachsen können. Thymian, Nelken, Mauerpfeffer und Kamille lieben Sonne und trockenen, steinigen Boden. Sie vermehren sich selbst, sind trittfest und verströmen

Ein Sitzplatz darf im Kräutergarten nicht fehlen.

einen intensiven Duft. Gegen Staunässe hilft ein durchlässiger Untergrund und für das gesunde Wachstum in den Fugen ein Gemisch aus Kies und Kompost. Sind schon alte Wege vorhanden, können Kräuter in breitere Steinritzen gesät werden oder es werden einfach Steine entfernt. Bei Neuanlagen werden die Platten mit größerem Abstand im Kiesbett verlegt und lassen so genügend Platz für Kräuter. Auch Holzpflasterwege aus Robinie, Eiche oder Lärche sind für den Naturgarten eine gute Wahl.

Wegebau ganz praktisch

Der Aufbau des Weges ist in fast allen Fällen gleich: Zuerst wird der Weg gekennzeichnet und es werden Kantensteine gesetzt. Die ideale Wegbreite liegt zwischen 100 und 150 Zentimetern. Jetzt wird die Erde wenigstens 30 Zentimeter tief ausgehoben und Schotter als Tragschicht eingefüllt und verdichtet. Es folgt eine 3 bis 5 Zentimeter starke Bettung aus Splitt oder Sand. Die Oberfläche wird gut planiert und mit Platten oder Pflastersteinen belegt, die einzeln vorsichtig festgeklopft werden. Enge Fugen werden mit Quarzsand gefüllt und breite Fugen können mit Kräutern bepflanzt oder mit Kies aufgefüllt werden. Holzpflaster verlangt einen wasserdurchlässigen Untergrund aus Sand oder Kies. Darauf werden die etwa 20 Zentimeter langen Holzstücke mit der Stirnseite nach oben aufgestellt und einzeln festgeklopft. Um breite Fugen zu vermeiden, werden große und kleine Holzscheiben abwechselnd verwendet. Zum Schluss werden die Fugen mit Kräutern bepflanzt oder mit Sand oder feinem Kies aufgefüllt.

Der richtige Sitzplatz

Sitzplätze sind Orte der Ruhe und Entspannung, sie erlauben den freien Blick in den Garten oder stehen im geschützten Raum. Holzbänke, Steinbänke, kleine Mauern oder Bankbeete sind für den Kräutergarten besonders geeignet. Besonders wichtig: Bei der Planung des Sitzplatzes auf die Himmelsrichtung und auch auf Sonnen- und Regenschutz achten.

Für die Ordnung im Kräutergarten – die Beeteinfassung

Kräuter sind oft starkwüchsig und neigen häufig dazu, aus ihren Beeten auszubrechen. Grenzen Kräuterbeete an Rasenflächen oder an unbefestigte Wege, verwischen schnell ihre gewünschten Konturen. Sollen die Beetformen langfristig erhalten bleiben, müssen also ständig die Kanten gestochen werden. Eine mühselige Arbeit, die durch den Einbau von Einfassungen überflüssig gemacht werden kann. In alten Kräutergärten finden wir noch häufig Beeteinfassungen aus Steinen. Sie wurden meist aus Feldsteinen oder gebrannten Ziegeln gebaut. Heute gibt es verschiedene Möglichkeiten, die Kräuterbeete dauerhaft einzufassen.

Beeteinfassungen aus Stein

Besonders dauerhaft sind Beeteinfassungen aus Stein. Sie fixieren Wege im Garten und trennen auch Beet- und Rasenflächen. In alten Bauerngärten wurden die Beete häufig mit Ziegelsteinen eingefasst. Das ist auch heute noch schön, besonders wenn uns alte Ziegelsteine aus Abbruchhäusern zur Verfügung stehen. Soll die Einfassung ebenerdig verlaufen, werden die Steine längsseits in ein Mörtelbett aus Magerbeton gelegt. Soll das Beet leicht erhöht werden, können zwei Lagen Steine auf ein kleines Fundament gemauert werden oder, viel einfacher, die Ziegelsteine werden hochkant oder diagonal in das Mörtelbett gesetzt.
Eine preiswerte und schnelle Alternative bieten heute Kantensteine aus Beton. Sie sind gut geeignet, Wege zu begrenzen und trennen auch Beet- und Rasenflächen. Meist werden die Steine ebenerdig verlegt, sodass die Räder des Rasenmähers gut geführt werden können. Eine schönere, wenn auch teurere Alternative ist eine Kante aus Basalt oder Sandstein.

Weidenzweige bieten sich für eine natürliche Beeteinfassung an.

Beeteinfassungen aus Holz
Gängiges und auch reichlich vorhandenes Baumaterial in mittelalterlichen Gärten war einheimisches Holz. Holz-Hochbeete waren das Gestaltungsmerkmal alter Klostergärten und sind auf vielen Abbildungen in historischen Kräuterbüchern zu erkennen. Holzbohlen sind aber auch ein schönes Material, um Gartenbeete ebenerdig oder leicht erhöht einzufassen. Dazu werden schmale Gräben ausgehoben, die Bohlen werden versenkt, ausgerichtet und mit schmalen Kanthölzern fixiert. Anschließend wird der Graben wieder zugeschüttet und die Erde gut angedrückt. Um die Einfassungen nicht ständig erneuern zu müssen, werden haltbare Hölzer wie Lärche, Eiche oder Robinie gewählt.
Organisch geformte Beete können mit niedrigen Flechtzäunen eingefasst werden. Sie sind flexibel, günstig und wirken sehr interessant. Zum Aufbau werden zunächst Pflöcke aus Hartholz in geringem Abstand in das Erdreich getrieben und anschließend mit Flechtwerk aus frischen Weidenzweigen gefüllt.

Beeteinfassungen aus Metall
Schön, modern und langlebig sind Beeteinfassungen aus Metall. Aus dem Straßenbau

Rankgerüste aus Zweigen in einem von Buchs eingefassten Beet – ideal für sich windende Pflanzen

Salbei, Lavendel und Weinraute – ein herrlich duftendes Ensemble

kennen wir verzinkte Stahlbänder. Stilechter im Kräutergarten ist allerdings die Einfassung der Beete mit Blechen aus Cortenstahl. Cortenstahl ist auch in Verbindung mit Erde extrem langlebig und erhält innerhalb kürzester Zeit eine rostige Patina, ohne später schnell zu verrotten. Solche Einfassungen sind dezent und passen gut zu rostigen Rankgittern, Figuren oder Gefäßen.

Beeteinfassungen aus Kräutern

Egal ob groß oder klein, Kräutergärten benötigen immer eine Struktur. Schon im 16. und 17. Jahrhundert nutzten die Gartengestalter Hecken aus Kräutern, um ihre Beete zu strukturieren. Damals waren Flechtmustergärten populär. Kräuterhecken säumen die Wege, schaffen innere Räume und geben den Beeten die gewünschte Form. Für die Pflanzung von Hecken sind ganz unterschiedliche Kräuter geeignet. Sie verzaubern mit einmaligen Düften und unterscheiden sich in Wuchsform, Blütenfarben und Laub.

Die besten Kräuter für Hecken

Lavendel ist für die Pflanzung von Hecken bestens geeignet. Lavendelhecken werden bis 60 Zentimeter hoch, duften intensiv und sind sehr ausdauernd. Alle zwei bis drei Jahre ist im Frühjahr ein starker Rückschnitt empfehlenswert. Auch Rosmarin wächst in herrlichen Hecken und eignet sich zum formalen Schnitt genau wie für den lockeren Wuchs. Doch Vorsicht! Die meisten Sorten sind nicht ausreichend winterfest und es muss immer wieder mit Winterschäden gerechnet werden. Aus Salbei, Ysop und Weinraute lassen sich ebenfalls Hecken ziehen. Wegen ihrer schönen Blüten sollten sie immer frei wachsen dürfen. Damit die Hecke in Form bleibt, werden die Pflanzen alle zwei bis drei Jahre bis in das alte Holz zurückgeschnitten.

Besondere Beetformen – die Klassiker

Schon unsere Vorfahren wussten, dass Kräuter viel Sonne und Wärme benötigen und Staunässe zum Wachstum meist hinderlich ist. Sie entwickelten verschiedene Methoden, um Standortbedingungen zu garantieren – die Klassiker des Kräutergartens.

Die Trockenmauer

Trockenmauern werden von jeher zur Verbesserung der Lebensgrundlagen gebaut und sind heute noch Zeugen einer einfachen bäuerlichen Kultur. Wo Steine verfügbar waren, wurden Weiden und Wiesen mit Mauern getrennt und Hänge terrassiert, um zusätzliche Nutzfläche zu gewinnen. Übrig geblieben sind wenige herrliche Mauern in alten, noch nicht flurbereinigten Weinbaugebieten. Trockenmauern schaffen auf kleinstem Raum unterschiedliche Lebensbedingungen und werden gern von Kleintieren und Pflanzen besiedelt. Sie wirken daher sehr natürlich.

Trockenmauern speichern viel Wärme, die nachts langsam an die Pflanzen abgegeben wird.

Besonders an Südhängen bietet ein durch Trockenmauern terrassiertes Gartengelände vielen Kräutern einen idealen Lebensraum. Durch die richtige Auswahl der Steine kann man auch Einfluss auf die Entwicklung des Bodens nehmen. Kalksteine zum Beispiel schaffen gute Wachstumsbedingungen für kalkliebende Kräuter wie Majoran, Rosmarin, Salbei, Thymian, Weinraute oder Ysop und Hauswurz, Mauerpfeffer und Zimbelkraut besiedeln deren Fugen.

Zum Bauen von Trockenmauern sind Findlinge oder Quader aus Kalk, Granit oder Sandstein sehr gut geeignet. Die Mauern werden ohne Fundament gebaut und entstehen durch die lose Aufschichtung von Steinen. Das Mauerwerk bleibt so wasserdurchlässig und bewegungsfähig und Rissbildungen sind damit ausgeschlossen. Damit die Mauer schön stabil bleibt, sollte ihre Höhe 1 Meter nicht überschreiten. Die einzelnen Steine müssen 40 Zentimeter tief in den Hang reichen. Die Mauer beginnt 30 bis 50 Zentimeter unterhalb der Erdoberfläche und bekommt eine 20 bis 30 Zentimeter starke Dränage aus Schutt oder Schotter. Für

Eine Kräuterspirale bietet auf engstem Raum Platz für Pflanzen mit verschiedenen Ansprüchen.

die Haltbarkeit ist es wichtig, dass sich die Trockenmauer ein wenig zum Hang neigt und die Basisbreite wenigstens ein Drittel ihrer zukünftigen Höhe beträgt. Die Steine werden lose aufgeschichtet, sie ergeben das spätere Mauerbild. Eine Hintermauerung mit Reststeinen sorgt für zusätzliche Stabilität. Nach Fertigstellung der Mauer wird diese mit durchlässiger Erde hinterfüllt.
Eine weitverbreitete Sonderform der Trockenmauer ist der Steingarten. Diese Gartenform wird häufig gewählt, um Zwergformen von Kräutern einen geschützten Lebensraum zu schaffen.

Die Kräuterspirale

Ob im Nutzgarten oder im Ziergarten, ob weitläufig oder auf engstem Raum, die Kräuterspirale ist ein interessantes Gestaltungselement für Kräutergärten und ungemein populär. Die dreidimensional gestaltete Gartenanlage hat ihre Wurzeln vermutlich in den Burganlagen des Mittelalters und schafft ideale Bedingungen für das Wachstum verschiedenster Kräuter auf engstem Raum. Alle Pflanzen bekommen viel Sonne und Wärme und die richtige Anordnung der Pflanzen sorgt dafür, dass die Kräuter in guter Nachbarschaft wachsen und wenig anfällig für Krankheiten und Schädlinge sind.
Die Kräuterspirale besteht aus einer schneckenhausförmig verlaufenden Natursteinmauer und steigt zur Mitte hin an. Das entstandene Beet wird gut mit Schotter dräniert und mit verschiedenen Erden aufgefüllt. Der obere Bereich ist mager, kalkig und trocken und bietet Platz für Mittelmeerkräuter wie Thymian, Rosmarin oder Salbei. Es folgt eine humose, trockene Zone, die etwas halbschattig liegt – ideal für Pimpinellen, Oregano und Zitronen-Melisse. Weiter unten wird der

Boden mit Kompost angereichert. Es entstehen feuchtere, humose und sonnige Zonen. Hier wachsen Küchenkräuter wie Petersilie, Schnittlauch, Ysop und Kerbel. Am Fuß der Spirale wird der Boden nährstoffreich und nass, ein kleiner Teich bildet den idealen Abschluss. Hier können Brunnenkresse und Wasser-Minze gepflanzt werden.
Bei der Bepflanzung der Kräuterspirale sind der Fantasie kaum Grenzen gesetzt. Während kleinere Anlagen mit meist kleinwüchsigen Kräutern bepflanzt werden, bieten größere Anlagen auch für Wild- und Teekräuter Platz. An den Rändern werden rankende Pflanzen wie Kapuzinerkresse ausgesät und in den Mauerritzen können sich Tripmadam, Hauswurz oder Quendel ungestört ausbreiten.

Ob groß oder klein, eine Kräuterspirale ist immer attraktiv.

Hochbeet-Praxis

Hochbeete aus Bohlen sind schnell gebaut. Als besonders günstig erweist sich Lärchenholz: Es ist schön harzig und modert nicht so schnell. Die Breite der Bretter sollte etwa 20 cm betragen und ihre Stärke 30 mm nicht unterschreiten. Die Bohlen werden in zwei bis drei Lagen aufgestellt, mit Winkeln verbunden und durch Holzpfähle an ihrem Standort fixiert. Die unterste Schicht der Füllung besteht aus Häckselgut oder klein geschnittenen Zweigen. Darauf folgt eine Schicht Laub, die mit reifem Kompost abgedeckt wird. Es folgt Mutterboden und zum Schluss noch einmal eine dünne Schicht Kompost.

Pflanzen mit starken Wurzelausläufern wie Pfefferminze oder Estragon sind für die Kräuterspirale weniger geeignet, auch starkwüchsige Stauden wie Liebstöckel, Meerrettich, Beinwell und Alant finden besser außerhalb der Spirale ihren Platz.

Das Hochbeet

Da die meisten Klostergründungen in abgelegenen, waldreichen Gegenden lagen, hat es an Bauholz nicht gemangelt und es wurden Nutzgärten mit Hochbeeten angelegt. Die Hochbeete wurden systematisch verteilt, aus Holzbohlen gebaut und mit Zweigen, Laub, Kompost und Erde gefüllt. Der eintretende Rotteprozess versorgte die Pflanzen mit Nährstoffen und

Immer eine besondere Attraktion – Hochbeete aus Weidenzweigen

Ein einfaches Wagenrad bietet zahlreichen Kräutern Platz.

auch mit Wärme. So wurde die Wachstumsperiode verlängert und gerade die damals neu eingeführten Mittelmeerkräuter wuchsen unter guten Bedingungen.
Heute liefern uns viele Gärten gleich mehrere Gründe für den Bau von Hochbeeten. Oft ist der Boden verdichtet, zu schwer oder zu nass – keine günstigen Voraussetzungen für die erfolgreiche Kräuterkultur. Manchmal ist der Boden voller Schutt oder Wurzeln gefällter Bäume, und auch Sandböden sind für die Kräuterkultur weniger gut geeignet. Bei derart ungünstigen Wachstumsbedingungen sind Hochbeete immer eine gute Wahl.
Größe und Form des Hochbeetes richten sich letztendlich nach seinem Zweck und der Vorliebe des Gärtners. Mittelalterlichen Vorbildern angepasst sind symmetrisch angeordnete, rechteckige Kastenbeete gut denkbar. Die sinnvolle Höhe liegt zwischen 30 und 80 Zentimetern, die Breite der Beete sollte 150 Zentimeter nicht überschreiten.

Das Kräuterrad

In englischen Gärten war das Kräuterrad schon immer recht beliebt und weit verbreitet. Seine Form erinnert an das Medizinrad, das bei den indianischen Völkern und auch im Schamanismus eine große Bedeutung hat und als Symbol überall dort lebendig blieb, wo Menschen eine enge Verbindung mit der Natur eingehen. Seine Kreisform symbolisiert das ewige Leben, vier seiner Speichen kennzeichnen die Himmelsrichtungen und das Zentrum bildet die lebensspendende Sonne.
Die Grundlage von Kräuterrädern als Gartenelement waren häufig große Kutschenräder, die auf das Beet gelegt und mit Erde gefüllt wurden. Haltbarer allerdings ist der Nachbau des Rades aus Stein. Dazu werden ein bis zwei Schichten Ziegelsteine in Form eines Speichenrades auf ein Zementfundament gemauert und die entstandenen Beetsegmente mit Erde gefüllt und Kräutern bepflanzt.

Kräuter anbauen und pflegen

Der Anbau von Kräutern beschäftigt uns seit unzähligen Generationen. Die uns heute bekannten Kulturtechniken basieren auf jahrhundertelanger Erfahrung im Umgang mit Pflanzen und Gärten und konnten teilweise seit dem Mittelalter kaum verbessert werden.

Die Entwicklung des Gartenbaus

Lehrbücher für den Gartenbau gab es früher nicht. Die Menschen erkannten, dass Mensch und Natur eine untrennbare Einheit bilden und folgten den Gesetzen der Natur. Genaues Beobachten aller Lebensvorgänge war die Grundlage für erfolgreiches Wirtschaften im Garten. Schon die Dreifelderwirtschaft diente der Erhaltung der Fruchtbarkeit des Bodens und zur Zeit Karls des Großen war die Nährstoffzufuhr durch Gründünger und Gaben von Mist bereits wohlbekannt. Auch die richtige Bodenbearbeitung war ein großes Thema. Walahfrid Strabo bearbeitete den Boden am liebsten mit Hacken, für schwere Böden und Problemfelder nutzte er den Krail (schweres Gerät mit vier Zinken). Ihm war schon bewusst, dass regelmäßiges Umgraben dem Boden mehr schadet als nutzt. Auch die positive Wirkung der Gründüngung war längst bekannt. Durch ihr Wurzelwerk lockern die Pflanzen den Boden tiefgründig und versorgen ihn zusätzlich mit organischer Masse. Das Mulchen kann den Boden verbessern, wie schon Albertus Magnus wusste. Er empfahl eine schützende und nährende Decke aus Algen. Heute werden die Vorteile des Mulchens wieder sehr geschätzt. Eine Mulchschicht, z. B. aus Rinde, schützt den Boden vor Erosion, reguliert den Wasserhaushalt, hält den Boden warm und fördert das Bodenleben.

Die richtige Bodenbearbeitung liefert die Grundlage für den Ernteerfolg.

Düngemittel aus der Natur

Bereits im 13. Jahrhundert lernte Albertus Magnus die Wirkung des Gründüngers in der Toskana kennen und führte die dort gesehene Technik auch bei uns ein.

Lupinen oder Ackerbohnen wurden im Frühjahr ausgesät. Die Pflanzen durchwurzelten den Boden, sammelten Stickstoff und wurden im Herbst wieder aus der Erde gezogen und zum Mulchen zwischen die Ackerfurchen gelegt. Anschließend wurde Winterweizen oder -roggen gesät und brachte im kommenden Sommer hohe Erträge. Walahfrid Strabo und Albertus Magnus propagierten auch die Gabe von verrottetem Mist. Frischer Mist wurde dagegen nicht verwendet, er kann dem Bodenleben erheblich schaden. Das gilt besonders für Mist von Tauben und Hühnern. Er enthält sehr viel Stickstoff und würde die Pflanzenwurzeln verbrennen. Pferde- oder Rindermist enthält Pflanzennährstoffe im ausgewogenen Verhältnis. Gut abgelagert ist er organischer Dünger und Bodenverbesserer in einem. Die günstigste Zeit für Mistgaben ist der Herbst. Die Verwendung von Kräuter- oder Mistjauchen ist so alt wie der Gartenbau. Genaue Rezepturen wurden stets mündlich weitergegeben. Zum Herstellen von Mistjauchen

Gründüngung verbessert den Boden und lässt das Beet gut aussehen.

wird der Mist in Holz- oder Steintröge gegeben und mit Wasser übergossen. Ist die stickstoffreiche Jauche nach einigen Tagen fertig, wird sie im Verhältnis 1:15 verdünnt und zum flüssigen Düngen verwendet. Eines der mildesten und gesündesten Düngemittel ist die Pflanzenjauche. Sie kann jederzeit schnell hergestellt werden. Dazu werden oberirdische Pflanzenteile von Beinwell, Brennnesseln, Ringelblumen, Rainfarn oder Ackerschachtelhalm gesammelt und in ein geeignetes Gefäß gegeben. Das Gefäß wird anschließend mit Wasser aufgefüllt und abgedeckt. Nach zwei Wochen Gärung ist die Jauche fertig und kann im Verhältnis 1:10 verdünnt und im Garten vergossen werden.

Der Nährstoffbedarf wichtiger Kulturpflanzen

Starkzehrer	Mittelzehrer	Schwachzehrer
Gurke	Fenchel	Bohnen
Kartoffel	Knoblauch	Bohnenkraut
Kohl	Möhren	Dill
Kürbis	Radieschen	Erbsen
Lauch	Rote Bete	Kerbel
Sellerie	Salat	Koriander
Tomaten	Spinat	Kresse
Zucchini	Zwiebeln	Kümmel

Fruchtfolge

Bereits die Bauern des Mittelalters kannten die Fruchtfolge. Sie wussten, der Gartenboden darf niemals über viele Jahre einseitig beansprucht werden. Eine rasche Bodenermüdung und damit abnehmende Erträge wären die unschöne Folge. Die Pflanzen entnehmen dem Boden unterschiedliche Nährstoffmengen. Aus diesem Grund werden sie in Stark-, Mittel- und Schwachzehrer eingeteilt (siehe Seite 61). Folglich werden auf gut versorgten Böden zuerst Starkzehrer angebaut, im zweiten Jahr Mittel- und im dritten Schwachzehrer. Dann sind fast alle Nährstoffe verbraucht und der Boden wird durch Gaben von Gründünger, Mist oder Kompost aufbereitet. Der Boden bleibt umso gesünder, je besser die Abwechslung der Kulturpflanzen geplant wird.

Mischkulturen

Monokulturen sind in der Natur nirgends zu finden. Pflanzen leben in verschiedenen Lebensgemeinschaften und immer auch mit Tieren. Schon früh beobachteten Menschen, dass auch Nutzpflanzen am besten in Lebensgemeinschaften wachsen.
Eine vielseitige Pflanzengemeinschaft wird bei der Anlage von Mischkulturen angestrebt. Fast alle Pflanzen haben unterschiedliche Ansprüche an Wasser, Boden und Licht. Auch die Nachbarschaft verschiedener Pflanzen kann günstig oder problematisch sein. Am Anfang der Mischkultur steht daher ein guter Plan. Lange und kurze, frühe und späte Kulturen werden bunt gemischt.

Pflanzennachbarschaften für Mischkulturen

Günstige Pflanzennachbarschaften

- Bohnenkraut und Bohnen
- Minze zur Umrandung von Kohl
- Schnittlauch, Möhren und Salat
- Kümmel, Kohl und Gurken
- Petersilie und Tomaten
- Rosmarin und Rote Rüben

Ungünstige Pflanzennachbarschaften

- Wermut stets etwas abseits pflanzen
- Fenchel und Kümmel
- Petersilie und Salat
- Senf und Kohl

Entsteht eine Lücke, so wird Gründünger gesät. Die Pflanzen wachsen im Laufe des Sommers dicht zusammen, ergänzen sich gegenseitig und fördern so die gesunde Entwicklung des Bodens.

Schädlingsbekämpfung

Vorbeugende Maßnahmen

Krankheiten lassen sich am besten durch die Stärkung der Pflanzen verhindern. Dieses Wissen ist nicht neu, es wurde bereits in den Klostergärten des Mittelalters angewendet. Stockt das Wachstum der Pflanzen, werden sie anfällig für Krankheiten und Schädlinge. Großes Augenmerk wurde daher auf die richtige Kulturführung gelegt. Die Pflanzenauswahl wurde immer dem Klima und auch dem Boden angepasst. Fruchtfolge und die Anlage von Mischkulturen stärkten die Pflanzen. Auch die Pflanzenselektion wirkte sich im Laufe der Zeiten sehr positiv aus. Von jeder Kulturpflanze blieben einige Exemplare zur Saatgutgewinnung im Garten stehen. Die Samen wurden rechtzeitig geerntet und im nächsten Jahr zur Anzucht neuer Pflanzen verwendet. Im Laufe der Generationen passten sich die Pflanzen immer mehr dem Boden und Klima an. So gestärkte Pflanzen haben weniger Probleme mit Krankheiten oder Schädlingen.

Kräuter helfen Kräutern

Unsere Kräuter sind meist starkwüchsige Wildformen; ihre aromatischen Inhaltsstoffe schützen sie auf natürliche Weise. Einige Kräuter eignen sich als Begleitpflanzen und schützen auch andere Pflanzen. Bekanntestes Beispiel sind Lavendelpflanzungen in Rosenbeeten. Lavendel duftet stark und vertreibt tierische Schädlinge. Stark aromatische Kräuter wie Eberraute, Rainfarn, Heiligenkraut und Weinraute werden von Schädlingen gemieden. Scharfstoffhaltige Kräuter wie Knoblauch, Kapuzinerkresse oder Schnittlauch dämmen die Verbreitung von Pilzkrankheiten ein.

Nützlinge

Das Aroma von Kräutern zieht große Mengen von Nützlingen in den Garten. Aus diesem Grund wurden Kräuter in alle Nutzgärten mit gepflanzt. Goldrute, Schafgarbe und Römische Kamille ziehen Florfliegen an, Ringelblumen sind ein Magnet für Marien-

Gute Partnerschaft: In Mischkulturen ergänzen sich Kräuter und Gemüse.

Kräuterblüten sind immer auch ein Magnet für nützliche Insekten.

Kräuterbrühen – sehr wirksam und einfach herzustellen

Der Lohn für die Mühe im Garten ist die Ernte von gesunden Kräutern.

Altbekannte Kräuterbrühen zum Vorbeugen von Krankheiten

Brühe	Wirkung
Lavendel	Abwehr von Insekten und Schnecken
Rainfarn	Vorbeugung gegen Pilzerkrankungen
Salbei	Abwehr von Insekten und Schnecken
Schachtelhalm	Vorbeugung gegen Pilzerkrankungen
Thymian	Abwehr von Insekten und Schnecken
Wermut	Abwehr von Läusen, Raupen, Ameisen

käfer und Dill, Liebstöckel und Tausendgüldenkraut werden von Schwebfliegen bevorzugt. All diese Nützlinge fressen große Mengen an Blattläusen und helfen so bei der Schädlingsbekämpfung mit.
Dass Igel, Maulwürfe, Spinnen und Vögel nützliche Tiere sind, war schon vor vielen Jahrhunderten bekannt. Sie fressen Unmengen an Nacktschnecken und Insekten und sorgen indirekt für ein gesundes Pflanzenwachstum. Wichtig war und ist es, diese Tiere im Garten zu halten.

Pflanzenschutz

Treten doch einmal Krankheiten auf, muss sich der Gärtner mit dem Thema Pflanzenschutz befassen.

Zu den Pflanzenkrankheiten werden Virus-, Bakterien- und Pilzerkrankungen gezählt. Bei Welkeerscheinungen oder Nassfäule hilft nur strenge Hygiene und die Vernichtung von befallenen Pflanzen. Pilzkrankheiten wie Mehltau, Rost oder Schimmel werden am besten durch eine geeignete Kulturführung bekämpft. Wahrscheinlich erstmals in Klöstern angesetzte Kräuterbrühen mit Rainfarn, Wermut oder Schachtelhalm stärken die Pflanzen und können auch als Pflanzenschutzmittel verwendet werden.

Die Kräuterernte

Ein erfolgreiches Gartenjahr wird immer mit reicher Ernte belohnt. Frische Kräuter können für den täglichen Bedarf während des ganzen Sommers geerntet werden. Für die Beschaffung von Wintervorräten müssen die Kräuter konserviert werden, und dazu ist auch bei der Ernte einiges zu beachten. Wichtig ist, dass nur gesunde und saubere Pflanzenteile geerntet werden und auch nur so viele, dass die Pflanze in ihrem Wachstum nicht beeinträchtigt wird. Der ideale Erntezeitpunkt für Blätter ist der Vormittag an sonnigen Tagen – die Kräuter enthalten dann besonders viele ätherische Öle. Blüten werden bei vollständiger Blüte geerntet und Früchte nur, wenn sie vollständig ausgereift sind. Das Aroma der Kräuter bleibt sehr gut erhalten, wenn die Pflanze nach der Ernte schnell und schonend, am besten bei ungefähr 38 °C, getrocknet wird.

Viele unserer Gartenkräuter lassen sich durch Trocknen konservieren.

Kräuter für Genuss und Heilung

„Lass Nahrung deine Arznei und Arznei deine Nahrung sein!“

Hippokrates von Kos

Die Kräuterküche im Wandel der Zeit

Seit Urzeiten haben Menschen Pflanzen gesammelt, um sich zur ernähren. Ein besonderes Augenmerk lag wohl auf Kräutern. Blätter, Blüten, Früchte und Wurzeln der Kräuter schmecken sehr unterschiedlich und werden schon immer zum Würzen verwendet.

Woher kommen die Kräuter und Gewürze?

Pflanzen waren und sind aus unserer Ernährung nicht wegzudenken. Egal ob als Grundnahrungsmittel, als Beilage oder Gewürz, sie sichern die Ernährung der Menschen. Dabei kam dem Ackerbau seit wohl mehr als 10.000 Jahren die größte Bedeutung zu. Frühe Kulturpflanzen waren Getreidearten, Hülsenfrüchte und Lein und spätestens im Mittelalter kamen Kräuter, Obst und Gemüse dazu. Kräuter spielten für den Menschen eine besondere Rolle, sie wurden und werden wegen ihres markanten Duftes und ihres Geschmackes ganz unterschiedlich verwendet. Viele Kräuter sind ein

Die frische Kräuterküche ist abwechslungsreich, schmackhaft und gesund.

Kräuterpaste
Frische, gesunde und saubere Kräuter werden zerkleinert und mit etwas Salz vermischt (etwa 10 % des Gewichtes der Kräuter). Anschließend werden sie so lange mit hochwertigem Speiseöl verrührt, bis eine Creme von angenehmer Konsistenz entsteht. Die Paste wird in saubere, gut schließende Gläser abgefüllt, oben glatt gestrichen und zur besseren Haltbarkeit mit etwas Öl bedeckt. Zum Herstellen von Kräuterpaste besonders geeignet sind: Bärlauch, Basilikum, Brennnessel, Dill Fenchelkraut, Gänseblümchen, Giersch, Gundelrebe, Kresse, Liebstöckel, Löwenzahn, Oregano, Petersilie, Pimpinelle, Rosmarin, Schnittlauch, Selleriekraut, Thymian oder Zitronenmelisse. (Omas Kräuterküche)

tolles Gewürz und ihre Wirkstoffe – meist ätherische Öle – geben den Speisen einen guten Geschmack und fördern gleichzeitig die Verdauung. So sind zum Beispiel Kümmel, Thymian oder Senf klassische Gewürze für schwer verdauliche Speisen. Andere Kräuter, wie Wermut oder Lavendel, vertreiben Pilzkrankheiten oder Ungeziefer, und Gewürze wie Dill oder Senf werden seit langer Zeit zum Konservieren von Lebensmitteln verwendet. Zunächst wurden Kräuter bei uns in der Natur gesammelt und natürlich spielte dabei der Lebensraum eine besondere Rolle. Beifuß und Wermut kommen zum Beispiel auf tro-

Blätter und Blüten würzen und sind außerdem herrlich dekorativ.

Die Neun-Kräuter-Suppe

Kelten und Germanen feierten stets um den 21. März *Ostara*, den Beginn des Frühlings. Es wurden Feuer entzündet, getanzt und gesungen und so die Erdgöttin geweckt. Zu diesem Fest gab es Neun-Kräuter-Suppe, zubereitet aus Kräutern, die ihre ersten Sprosse zeigten. Nach der Christianisierung wurde aus der Neun-Kräuter-Suppe die Gründonnerstagssuppe, der stets große reinigende Heilkraft nachgesagt wurde. Das mittelalterliche Rezept enthielt meist Giersch, Löwenzahn, Taubnessel, Brennnessel, Schafgarbe, Sauerampfer, Sauerklee, Tripmadam und Gänseblümchen, allerdings gab es regionale Unterschiede.
Die zarten Triebe der Kräuter werden zerkleinert, angedünstet, mit Brühe aufgegossen und abgeschmeckt. Wer es kräftiger mag, kann angedünstete Zwiebelstücke hinzufügen.

ckenen Flächen vor und Löwenzahn, Brennnessel, Beinwell und Kümmel bevorzugen feuchteren Boden. Kräuter wie Enzian sind nur im Gebirge zu finden. Da ist es schon vorstellbar, dass das Sammeln von Kräutern stets mit großer Mühe verbunden war.
Im frühen Mittelalter bekam die Kräuterkunde bei uns einen besonderen Schub. Fremdländische Kräuter wurden erstmals bei uns eingeführt und wuchsen, zusammen mit einheimischen Kräutern, in den Klostergärten. Bedingt durch die Kreuzzüge, kamen wir Europäer auch mit den verfeinerten Essgewohnheiten des Orients in Kontakt. Neu gegründete Handelsbeziehungen führten dazu, dass der Gewürzimport nach Mitteleuropa ständig stieg. Eine der damals wichtigsten europäischen Gewürzstraßen ging von

Kräuteressig
Kräuteressig verfeinert Salate, Soßen und Marinaden und kann je nach Geschmack mit vielen Kräutern hergestellt werden. Als Basis ist hochwertiger Apfel- oder Weinessig sehr gut geeignet. Pro Liter Essig benötigen Sie etwa zwei Esslöffel getrockneter Kräuter, die in saubere Flaschen gefüllt und vollständig mit Essig abgedeckt werden. Der entstandene Sud muss etwa sechs Wochen an einem kühlen Ort ziehen, wird dann abgesiebt und in saubere Flaschen umgefüllt. Einen fruchtigen Essig erhält man mit Melisse und Minze, Würze entsteht durch Salbei, Rosmarin oder Thymian. Aber auch Knoblauch, Lorbeerblätter oder Chilischoten sind zum Aromatisieren von Essig geeignet. (Omas Kräuterküche)

Venedig über den Brenner, Innsbruck, Basel, rheinabwärts bis zur Nordsee, eine andere von Innsbruck über Augsburg, Nürnberg, Leipzig bis nach Lübeck. Die neuen Gewürze waren Pfeffer, Nelken, Zimt, Curry, Muskatnuss und Safran. Sie waren sehr kostbar und ihre Verwendung galt als Zeichen vornehmer Lebensart.
Ab dem 16. Jahrhundert war der erwerbsmäßige Anbau von Kräutern bei uns sehr weit verbreitet. Pierre Belon schrieb zum Beispiel eine der ersten Anleitungen zum Anbau von Heilpflanzen und Gewürzen. Zu den von ihm beschriebenen Kulturen zählten Fenchel, Majoran, Melisse, Anis und Koriander, aber auch Pfefferminze, Eibisch, Kümmel und Senf.

Die Kochkunst in der Geschichte

Ägypten
Schon im alten Ägypten finden wir viele Hinweise, wie die Menschen ihre Speisen abwechslungsreich gestalteten. Neben Fisch und Fleisch gehörten dort Brot und Gemüse zu den Hauptnahrungsmitteln. Beliebt waren Zwiebeln, Gurken, Knoblauch, Erbsen, Bohnen, Salat, Rettiche und Melonen. Als Tafelfrüchte galten Datteln, Feigen und Granatapfel, beliebte Getränke waren Wein und Bier. Wein galt als sehr kostbar und war nur für die Oberschicht erschwinglich. Heute geht man davon aus, dass im alten Reich bereits sechs Rebsorten bekannt waren. Vor nicht allzu langer Zeit wurde der Nachweis erbracht, dass im alten Ägypten Wein auch als Medizin verwendet wurde. Wissenschaftler untersuchten mehr als 5000 Jahre alte Weinkrüge aus dem Grab von Skorpion I., einem der ersten Pharaonen, und entdeckten dort Spuren von Kräutern. Demnach wurde schon damals Wein mit Melisse, Koriander, Minze und Salbei versetzt, wahrscheinlich um Linderung bei Erkrankungen zu erzielen. Diese Entdeckung zeigt, dass die bis heute verwendeten traditionellen Heilmittel ihre Anfänge auch in der ägyptischen Geschichte haben. Die ältesten dazu bekannten Dokumente waren Papyrusrollen und stammen aus der Zeit um 1850 vor Christus. So wurde Bier mit Koriander versetzt und gegen Magenprobleme genutzt und auch die heilende Wirkung von Knoblauch, Zwiebeln und Melone beschrieben.

Griechenland
Aus dem antiken Griechenland sind uns erste echte Kochbücher bekannt. Anfangs

Kräuter verleihen Essig und Öl ein unverwechselbares Aroma.

Kräuteressig und -öl gibt es in ungeahnter Vielfalt.

waren es Ärzte, die sich mit der Kochkunst beschäftigten. Lorbeer, Feigen und Oliven genossen größte Wertschätzung, aber auch Granatapfel und Quitten galt große Aufmerksamkeit. Fisch und Fleisch waren Festtagsgerichte und der Gemüsegarten lieferte Linsen, Bohnen, Rüben, Kohl, Rettiche, Kürbisse und Gurken. In Griechenland eignen sich nur wenige Gegenden für den Anbau von Getreide, weißes Brot galt daher als purer Luxus. Aus alten Schriften wissen wir einiges über die Kultur der Gastmähler und man nimmt an, dass sie sich wohl aus kultischen Handlungen entwickelt haben. Die Griechen glaubten, dass die Tischsitten göttlichen Ursprungs seien, daher war ihnen die Gastfreundschaft heilig.

Rom

Bei den Römern war die Kochkunst anfangs ausgesprochen bescheiden. Die einfachen Menschen ernährten sich von Getreidebrei, Erbsen, Bohnen, Runkelrüben und Kohl und gewürzt wurde mit Zwiebeln, Knoblauch und gesammelten Kräutern. Die Bauern hielten Schweine und Ziegen, um sie an Festtagen zu verspeisen, und in ihren Gärten wuchs Lattich, Ampfer, Kresse, Malven und Raute sowie Anis, Schwarzkümmel und Dill als Gewürz. Mit dem Aufstieg des Reiches entwickelte sich die römische Küche rasant. Fleisch, Fisch und Meeresfrüchte wurden

Kräuterbrot

Das Grundrezept entspricht einem normalen Hefeteig. 500 g Mehl werden mit einer Tüte Trockenhefe und einer Prise Salz vermischt. 250 ml Mich werden etwas erwärmt, mit 50 g zerlassener Butter vermengt und über das Mehl gegeben. Die Masse wird gut durchgeknetet und muss dann etwa eine Stunde ziehen. Nach etwa einer Stunde wird der Teig in eine Kastenform gegeben und muss etwa 45 Minuten bei etwa 200 °C. ausbacken. Je nach Geschmack können dem Mehl verschiedene gehackte Kräuter (etwa 6 EL) zugegeben werden, z. B. Thymian, Majoran, Salbei, Basilikum, Kümmel, Koriander, Fenchel, Zwiebeln und/oder Knoblauch. (Omas Kräuterküche)

Die Zugabe von Bohnenkraut macht Bohnengerichte erst bekömmlich.

bald raffiniert zubereitet und auch Süßspeisen aus Grütze, Milch, Ei und Honig waren sehr beliebt. Die römischen Köche verstanden es, Schlagsahne und Quark herzustellen, verfeinerten die Milchprodukte mit zahlreichen Kräutern und verarbeiteten sie zu Desserts. Auch der Weinbau stand bei den Römern hoch im Kurs, bereits Plinius kannte zahlreiche Rebsorten. Ebenso geläufig war die Herstellung von Würzweinen, sie wurden getrunken wie bei uns heute Likör. In die Gruppe der Würzweine gehört auch der bittere Myrrhenwein, er galt als schmerzstillendes und betäubendes Heilmittel. Schon in der Antike war man sich sicher, dass in den Nahrungsmitteln gewisse Kräfte ruhen, die durch die Kochkunst geweckt werden und dabei helfen, das Gleichgewicht im Menschen herzustellen, wie wir vom berühmten Arzt Galen aus seinem Buch *Über die Kräfte der Nahrungsmittel* erfahren. Aus dem 1. Jahrhundert nach Christus ist uns auch das Kochbuch des Apicius bekannt, es gilt als ältestes erhaltenes Kochbuch und umfasst zehn Bände. Band 1 handelt von Küchenregeln, Hausmitteln und Gewürzen. Es enthält Rezepturen für Rosen-, Wermut- oder Veilchenwein und benennt auch Kräuter zum Herstellen von Würzölen. Demnach wurden Alant, Lorbeerblätter und Zyperngras verwendet. Zypressen- und Lorbeerzweige wurden zum Ausräuchern von Fässern verwendet, und Senf, Essig und Honig ergaben eine Marinade für Pökelfleisch. Das dritte Buch handelt in erster Linie von Gemüse, demnach waren schon Mangold, Sellerie, Rote Rüben, aber auch Gurken, Malven, Spargel, Broccoli, Lauch und Rettich bekannt. Das Kochbuch des Apicius überlebte in alten Handschriften und erregte noch im 15. Jahrhundert die Aufmerksamkeit der Ärzte

Römischer Wermutwein
Nimm eine Unze (ca. 27 g) Camerinischen Wermut, ersatzweise Pontischen und reinige und zerdrücke ihn. Füge Pistazien und etwas Safran hinzu und gib alles in 18 Sextarien (1 Sextarium entspricht etwa 150 g) alten Wein und lasse ihn auf kaltem Wege ziehen.
KOCHBUCH DES APICIUS

Kräutersauce für gekochte Hühner
Zerreibe Pfeffer, Kümmel, ein wenig Thymian, Fenchelsamen, Minze, Raute, Liebstöckel und Nelken in einem Mörser. Gib Essig, Honig und Öl dazu und bestreiche ein gekochtes, kaltes Huhn mit dem Sud.
KOCHBUCH DES APICIUS

und Humanisten. Es wurde bis Mitte des 16. Jahrhunderts von verschiedenen Herausgebern gedruckt.

Bauernrezepte des Mittelalters

Im Mittelalter bauten die Bauern vorwiegend Getreide an und die Bäuerinnen sammelten Kräuter wie Löwenzahn, Rapunzel, Wilden Kümmel oder Sauerampfer. Später legten sie Gärten an, übernahmen die Kulturen der Klostergärten und verfügten so über ausreichend aromatische Kräuter zum Kochen und Heilen. Aus dem 14. und 15. Jahrhundert sind uns mehr als 100 Handschriften mit kulinarischen Rezepten bekannt und auch der große Arzt und Botaniker Hieronymus Bock ergänzte sein berühmtes *Kräuterbuch* um das Kapitel *Teutsche Speißkammer*. Bock schreibt darin vom Wert und Nutzen der Lebensmittel und bemängelt, dass die Deutschen ihre Nahrungsmittelschätze nicht ausreichend beachten und lieber viel Geld für die Einfuhr von Lebensmittel und Arzneien aus fremden Ländern ausgeben. Bock lobt darin den Käse und den Honig, verdammt aber den Zucker. Große Wertschätzung für die gesunde Ernährung erfahren dort Essig, Brot, Salz und Eier.

Frankfurter Grüne Soße

Die Frankfurter Grüne Soße geht vermutlich auf die französische Sauce Vinaigrette zurück und wurde 1860 erstmals in einem Kochbuch erwähnt. Sie ist in ganz Hessen bekannt und wird traditionell mit Pellkartoffeln serviert.

- *300 g Kräuter (Petersilie, Schnittlauch, Kerbel, Sauerampfer, Dill, Borretsch, Kresse, Estragon, Liebstöckel, Zitronen-Melisse)*
- *2 Zwiebeln*
- *je 2 EL Essig und Öl*
- *250 ml Schmand (oder saure Sahne)*
- *150 g Joghurt*
- *4 Eier*
- *Salz, Pfeffer, Zucker*

Die Kräuter verlesen, waschen und abtropfen lassen. Anschließend fein hacken und zusammen mit den gehackten Zwiebeln in eine Schüssel geben. Zusammen mit Essig, Öl, Schmand und Joghurt verrühren und zugedeckt wenigstens eine Stunde ziehen lassen. Jetzt werden die Eier hart gekocht, fein gewürfelt und untergerührt. Mit Salz, Pfeffer und eventuell etwas Zucker abschmecken.

Kräuterkuchen, z. B. mit Pilzen und Salbei, ist nicht alltäglich und schmeckt einfach wunderbar.

Medizinische Anwendung

Über viele Jahrhunderte waren Arzneien aus den Vorräten der Natur die einzig wirksame Möglichkeit, sich bei Krankheiten zu helfen. Unsere Vorfahren kannten sich in der Kräuterheilkunde bestens aus.

Die Natur hat uns mit einer schier unüberschaubaren Vielfalt an Heilkräutern ausgestattet, die sehr unterschiedlich zubereitet und auch angewendet werden können. Im Laufe der Jahrtausende hat der Mensch Mittel und Wege gefunden, die Heilkraft der Kräuter für sich nutzbar zu machen und auch für die Vorratshaltung zu konservieren. Zahlreiche Anwendungen stammen aus der Volksheilkunde und wurden über Generationen mündlich überliefert. Schriftliche Aufzeichnungen gab es bei uns erst seit der großen Zeit der Klosterheilkunde und wir verdanken es besonders der Äbtissin Hildegard von Bingen, dass gerade die einheimischen Kräuter nicht vergessen wurden. In ihren medizinischen Werken beschreibt Hildegard über hundert Heilpflanzen und Rezepte für deren Anwendung als Kräuterwein, Tee, Pulver, Salbe, Auflage und Tinktur. Viele ihrer Zubereitungen waren sehr wirksam, sind einfach herzustellen und werden teilweise auch heute noch, wenn auch in veränderter Rezeptur, hergestellt. Die Anwendung von Kräutern kann in vielen Bereichen sinnvoll sein, doch schnell wirkende Wunder sind hier nicht zu erwarten. Hilfreich ist es, Kräuter in eine gesunde Lebensführung zu integrieren. Sie helfen ohne schädliche Nebenwirkungen bei Erkältungen, Nervosität oder leichten Magenverstimmungen. Doch Vorsicht! Nach wie vor gilt: Bei jeder schwereren Erkrankung ist immer zuerst ein Arzt aufzusuchen!

Zum Aufbrühen von Heiltees sind getrocknete Kräuter ideal.

Erkältungstee

- *30 Teile Holunderblüten*
- *30 Teile Lindenblüten*
- *20 Teile Mädesüßblüten*
- *20 Teile Hagebuttenschalen*

Anwendung für Schwitzkuren bei fieberhaften Erkältungskrankheiten.

Tee, Abkochung und Kaltauszug

Für die Wirksamkeit von Kräutern spielt die richtige Zubereitung eine entscheidende Rolle.

Teezubereitungen zählen zu den ältesten medizinischen Anwendungen von Kräutern. Ein Aufguss kann aus frischen oder getrockneten Pflanzenteilen zubereitet werden. Die Mengenangaben der meisten Teerezepte beziehen sich, sofern nicht anders vermerkt, auf getrocknete Pflanzenteile. Werden stattdessen frische Pflanzen verwendet, so ist die vorgeschriebene Menge in der Regel zu verdreifachen.

Frische oder getrocknete Kräuter werden in eine saubere Teekanne gegeben und mit kochendem Wasser überbrüht. Dabei werden den Kräutern schwer wasserlösliche Substanzen entzogen. Der Aufguss wird umgerührt, abgedeckt und nach zehn Minuten abgesiebt. Ein Teeaufguss kann warm getrunken oder für Umschläge auch äußerlich angewendet werden. Die Wirksamkeit des Tees hängt sehr stark von der Qualität der verwendeten Kräuter ab. Da die Inhaltsstoffe der Kräuter mit der Zeit entweichen, ist es ratsam, nur in der nächsten Zeit wirklich benötigte Vorräte aufzubewahren.

Durch Abkochung werden heilkräftige Substanzen aus harten Pflanzenteilen wie Wurzeln, Rinden, Nüssen oder Beeren herausgelöst. Die vorgeschriebene Menge der fein zerkleinerten Pflanzenteile wird in ein Gefäß aus Glas oder Ton gegeben und mit kaltem Wasser aufgegossen. Anschließend wird das Kochgefäß abgedeckt und die Flüssigkeit zum Sieden gebracht. Nach etwa 15 Minuten wird der heiße Tee abgesiebt und kann wie ein Teeaufguss verwendet werden.

Manche Wirkstoffe der Kräuter werden durch Hitze zerstört. In diesem Fall, z. B. bei Baldrianwurzeln, eignet sich der Kaltwasserauszug. So werden nur die leicht wasserlöslichen Bestandteile aus den Pflanzenteilen herausgelöst. Die Kräuter werden mit kaltem Wasser übergossen, in dem sie etwa acht Stunden ziehen. Gelegentlich umrühren und absieben – fertig ist der Kaltauszug.

Zitronen-Melissentee schmeckt frisch und wirkt beruhigend.

Beruhigungstee

- *40 Teile Baldrianwurzel*
- *20 Teile Hopfenzapfen*
- *15 Teile Melissenblätter*
- *15 Teile Pfefferminzblätter*
- *10 Teile Pomeranzenschale*

Bei nervösen Erregungszuständen und Einschlafstörungen.

Lungenkrauttee hilft bei Entzündungen der Atemwege.

Die Baldrianwurzel ist das pflanzliche Beruhigungsmittel überhaupt.

Kräuterbäder

Baden ist ein altes und bewährtes therapeutisches Mittel. Wir unterscheiden zwischen kalten, warmen und temperaturansteigenden Bädern sowie Wechselbädern. Es gibt Vollbäder, aber auch Teilbäder wie Fuß- oder Sitzbäder. Als Zusätze eignen sich Kräutersude, Extrakte, Öle oder Salze. Kräuterbäder haben gesundheitsfördernde Wirkung, weil die heilkräftigen Substanzen auch über die Haut aufgenommen werden. So wirkt zum Beispiel ein Rosmarinbad anregend und ein Lavendelbad harmonisierend. Sofern nicht anders beschrieben, werden für ein Vollbad 600 ml des Teeaufgusses oder der Abkochung als Zusatz in das warme Badewasser gegeben. Alternativ kann dem Badewasser auch das durch Wasserdampfdestillation gewonnene ätherische Öl zugesetzt werden. Dabei reichen für einen erwachsenen Menschen fünf bis zehn Tropfen pro Vollbad aus.

Wickel und Umschläge

Wickel oder Umschläge werden äußerlich angewendet und beschleunigen so den Heilungsprozess. Es handelt sich dabei um Umschläge mit sauberen Baumwoll- oder Leinentüchern, die mit heißem oder kaltem Wasser getränkt werden. Das Wickelwasser wird je nach Rezeptur mit

Magen- und Darmtee

- *25 Teile Baldrianwurzel*
- *25 Teile Kümmel*
- *25 Teile Pfefferminzblätter*
- *25 Teile Kamillenblüten*

Anwendung bei Beschwerden wie Völlegefühl, Blähungen, leichten krampfartigen Magen-Darm-Störungen und nervösen Herz-Magen-Beschwerden.

Gallentee

- *10 Teile Kümmel*
- *20 Teile Javanische Gelbwurz*
- *30 Teile Löwenzahn*
- *20 Teile Pfefferminzblätter*

Anwendung bei Völlegefühl, Blähungen und Verdauungsbeschwerden; zur Unterstützung bei der Behandlung von nicht entzündlichen Gallenblasenbeschwerden.

Tee, Kräuterextrakten oder auch mit ätherischem Öl getränkt.
Oft werden kalte Wickel um die Waden gelegt, sie wirken fiebersenkend und beruhigend. Durch diese Behandlung wird dem Körper überhöhte Temperatur entzogen. Heiße Wickel werden vor allem zur Linderung von Schmerzen und zum Lösen von Krämpfen verwendet. Als Leibwickel angelegt, fördern sie die Durchblutung der Organe und sorgen so für Entkrampfung und Entgiftung. Der Umschlag wird so heiß wie möglich auf den Körper gelegt und, sobald er abgekühlt ist, durch einen neuen ersetzt.
Zu den wichtigsten Kräutern für Wickel zählen Schafgarbe (Verdauung, Leber), Kamille (Verdauung), Thymian (Husten) und Ringelblume (Wunden).

Dampfbäder und Inhalationen

Die einfachste Art, wie heilende Substanzen in den menschlichen Körper gelangen können, ist die Atmung. Dampfbäder oder Inhalationen haben daher eine lange Tradition. Sie sind sehr wirksam bei Schnupfen, Husten und verstopfter Nase. Heilkräuter wie Kamille, Salbei oder Pfefferminze beziehungsweise einige Tropfen ätherisches Öl werden in eine Schüssel mit kochend heißem Wasser gegeben. Kopf und Gefäß werden mit einem Handtuch bedeckt und der heiße Dampf muss ein paar Minuten langsam und tief eingeatmet werden. Das Dampfbad wird täglich zwei- bis dreimal wiederholt.

Presssäfte

Presssäfte werden aus frischen Pflanzenteilen hergestellt und können nur frisch angewendet werden. Meist werden sie zur Entschlackung bei der Frühjahrskur verwendet, beispielsweise aus Brennnessel- oder Kerbelblättern.

Kamillenwickel helfen bei Entzündungen der Haut.

Kräuterliköre

Kräuterliköre stammen ursprünglich aus Klöstern und wurden zum Erhalt der Gesundheit gebraut. Liköre, Schnäpse und Magenbitter gibt es in verschiedenen Rezepturen, sie regen den Appetit an oder helfen bei Magen- und Darmstörungen. Die Herstellung von Kräuterlikören ist denkbar einfach. Als Kräuter sind Kümmel, Engelwurz, Liebstöckelwurzeln oder auch Minzeblätter gut geeignet.

Liköre und Weine sind bestens geeignet, Aroma und Wirkstoffe der Kräuter zu erhalten.

Kräuterlikör

- *1 TL Pfefferminze*
- *1 TL Salbei*
- *1 TL Fenchelsamen*
- *1 TL Anissamen*
- *1 TL Kümmelsamen*
- *½ TL Koriandersamen*

Die Kräuter im Mörser zerreiben und in eine Flasche füllen. Mit 750 ml Korn auffüllen, verkorken und drei Wochen an der Sonne stehen lassen. Danach filtern und in saubere Flaschen abfüllen.

Herstellung

Getrocknete Kräuter werden in Flaschen gefüllt und mit Alkohol übergossen. Dazu ist am besten neutral schmeckender Schnaps wie Wodka oder Doppelkorn geeignet.
Ist der Alkoholgehalt zu hoch, kann der Schnaps auch mit Wasser verdünnt werden. Nach dem Einfüllen müssen alle Kräuter gut bedeckt sein und die verschlossenen Flaschen werden an einem warmen Ort aufbewahrt. Nach drei bis vier Wochen ist der Ansatz gut durchgezogen und wird durch ein sauberes Tuch filtriert. Anschließend wird die hochprozentige Essenz in Flaschen abgefüllt und dunkel und kühl gelagert. Kräuterliköre sind sehr wirkungsvoll und dürfen nur in kleinen Mengen eingenommen werden. Gibt es Zweifel an der Verträglichkeit, muss vor der Einnahme ein Arzt konsultiert werden.

Kräuterwein

Wein ist eine sehr alte Kulturpflanze und wird seit vielen Jahrtausenden im Mittelmeerraum angebaut. Hier finden wir auch die ältesten Hinweise auf die Verwendung von Kräuterwein, einem sehr alten Heil- und Genussmittel. Im Jahr 1910 wurde südlich von Babylon eine Tontafel ausgegraben, auf der in Keilschrift das Medizinweinrezept aus dem 3. Jahrtausend vor Christus erhalten ist. Auch die Ägypter nutzten Kräuterwein als Medizin, wie uns Forscher jüngst bewiesen. Sie haben Hinweise auf den Zusatz von Kräutern in sehr altem Wein gefunden. Mit den Römern kam der Weinbau auch nach Mitteleuropa und um 1500 kam es vor allem in Deutschland zu der kuriosen Mode, Weine in nahezu unglaublichem Umfang mit Gewürzen, Kräutern und Süßstoffen zu versetzen. Neben den erhofften heilsamen Wirkungen war dafür sicherlich auch die nicht immer befriedigende Qualität des Weines verantwortlich. Diese Mode verebbte und zurück blieben einige Rezepturen von Kräuter- oder Gewürzweinen. Sie galten als Medizin und teilweise auch als Genussmittel. Scheinbar war Kräuterwein in der Klosterheilkunde sehr beliebt. Kräuterweine haben ähnliche Eigenschaften wie Kräutertinkturen, sind allerdings wesentlich milder im Geschmack.

Wein wird schon seit Jahrtausenden mit Kräutern aromatisiert.

Muskateller-Salbeiwein

Wenn der Magen schwach ist, nehme man Muskatellersalbei und den dritten Teil davon Poleiminze und von Fenchelkörnern so viel wie der dritte Teil von der Poleiminze und koche dies alles in gutem Wein unter Beigabe von Honig und siebe es durch ein Tuch und trinke es oft nach dem Essen und gegen Nacht. Dein Magen wird wieder angenehm gereinigt und Du wirst den Appetit wieder haben.

NACH HILDEGARD VON BINGEN

Herstellung

Getrocknete Kräuter werden in Wein eingelegt und müssen einige Tage ziehen. Anschließend wird der Sud abgesiebt und in saubere Flaschen abgefüllt.

Kräutertinkturen werden seit Jahrhunderten fast unverändert hergestellt.

Tinkturen

Alkohol-Auszüge von Kräutern werden als Tinkturen bezeichnet. Es handelt sich dabei um stark wirkende Arzneimittel, die ausschließlich nach genauer Rezeptur hergestellt werden sollten und in der empfohlenen Dosierung anzuwenden sind. Meist werden sie mit Wasser verdünnt innerlich oder auch äußerlich für Spülungen und Umschläge verwendet oder sie sind Zutaten bei der Herstellung von Salben oder Cremes.

Herstellung

Die getrockneten Kräuter werden in 40- bis 70-prozentigen Alkohol, zum Beispiel Doppelkorn oder Weingeist, eingelegt und müssen je nach Rezeptur einige Zeit (wenigstens drei Wochen) an einem warmen und sonnigen Platz ziehen. So werden den Kräutern alkohol- und wasserlösliche Wirkstoffe entzogen und der Alkohol wirkt konservierend. Anschließend wird die Tinktur gefiltert, in dunkle Flaschen umgefüllt und gut verschlossen an einem kühlen, dunklen Ort aufbewahrt.

Ölauszüge

Ein Ölauszug ist ein sogenannter Kaltextrakt eines Krautes. Ölauszüge können zum Einreiben pur verwendet oder zu Salben und Cremes weiterverarbeitet werden.

Herstellung

Getrocknete Kräuter werden in hochwertiges Pflanzenöl eingelegt, müssen mehrere Wochen ziehen und werden später abgesiebt. Das Öl nimmt die fettlöslichen Bestandteile der Kräuter auf und hat dann, je nach verwendeter Pflanzenart, unterschiedliche Heilwirkungen. Da die angesetzten Pflanzenöle leicht verderblich sind, werden sie kühl in dunklen Flaschen aufbewahrt. Ölauszüge können zum Einreiben pur verwendet oder zu Salben und Cremes weiterverarbeitet werden.

Viele Kräuter, z. B. Mädesüß, Schafgarbe und Ringelblume, eignen sich zur Salbenherstellung.

Salben

Kräuter-Salben werden für Einreibungen, zur Wundbehandlung und für die Hautpflege verwendet. Zu den beliebtesten zählen Ringelblume, Arnika, Kamille, Schafgarbe, Mädesüß und Beinwell.

Herstellung

Als Grundlage dienten früher Rindertalg und Schweinefett. Heute bilden Bienenwachs, Kokosöl, Vaseline oder Eucerin geeignete Salbengrundlagen. Das Fett wird vorsichtig erhitzt und gerührt, bis sich eine homogene Salbe bildet. Ist sie zu fest, kann etwas Öl hinzugefügt werden. Nachdem die Salbe auf Handwärme abgekühlt ist, können Kräuter, Ölauszüge, ätherische Öle oder konzentrierte Tees hinzugefügt werden. Der Ansatz muss etwa zehn Minuten bei geschlossenem Deckel ziehen und wird anschließend abgesiebt.

Ringelblumensalbe

- *50 g Schweineschmalz oder Lanolin*
- *3 EL getrocknete Ringelblumenblüten*

Schweineschmalz in einem Topf vorsichtig auslassen und mit den Ringelblumenblüten verrühren. Anschließend wird der Topf mit einem Deckel geschlossen, vom Herd genommen und bleibt zehn Minuten stehen. Im Anschluss wird der Sud durch ein Tuch gegossen (anschließend gut ausdrücken) und in saubere Gefäße gefüllt. Alte Rezepte empfehlen, die Masse einen Tag lang durchziehen zu lassen. In diesem Fall wird das Fett vor dem Absieben noch einmal erhitzt. Ringelblumensalbe ist in der Volksheilkunde ein beliebtes Mittel für schlecht heilende Wunden. Sie muss kühl aufbewahrt werden.

Das vorsichtig erhitzte Fett wird mit Kräutern angereichert.

Das noch flüssige Fett wird , nachdem es ca. zehn Minuten gezogen hat, vorsichtig abgegossen.

Kräuter von A bis Z

Gott hat dem Menschen durch das Medium Pflanzen fast alles geschenkt, was er zu seiner Ernährung, Kleidung und Heilung braucht.

John Gerarde:
Kräuterbuch (1636)

Achillea millefolium · Gewöhnliche Schafgarbe

Der botanische Name Achillea geht auf Achilles zurück, den sagenhaften Helden der Ilias. Der Legende nach soll das Kraut aus dem rostigen Speer des Achilles entstanden sein, einem Speer, der nicht nur verletzen, sondern auch heilen konnte.

Die Gewöhnliche Schafgarbe ist eine mehrjährige Pflanze aus der Familie der Korbblütengewächse. Sie ist auf den Wiesen in den gemäßigten Zonen der Nordhalbkugel zu Hause. Die Staude wird bis 80 Zentimeter hoch, hat fiederschnittige Blätter und blüht im Sommer in kleinen, weißen Doldenrispen.

Aus alten Zeiten

Die Schafgarbe gilt als wundheilend und wurde schon in der griechischen Mythologie zum Heilen von Kriegswunden genutzt. Dioskurides nennt die Schafgarbe Tausendblättriges Soldatenkraut und empfiehlt sie als Wundkraut. Und auch die keltischen Druiden nutzten die Pflanze zur Heilung von Wunden, kannten sie aber auch als Orakelpflanze zur Vorhersage des Wetters. In Asien ist die Schafgarbe als Orakelpflanze ebenfalls schon lange bekannt. Das etwa 2500 Jahre alte chinesische I Ging nutzt Stäbchen aus Schafgarbe für die solide Wahrsagung. In unserem Kulturkreis steht die Verwendung der Schafgarbe als Heilpflanze im Mittelpunkt. Seit der Antike wird das Kraut in allen Kräuterbüchern beschrieben und bei uns erstmals in den Klostergärten des Mittelalters angebaut. Nach und nach avancierte es zu einer der beliebtesten Pflanzen in der Volksheilkunde.

Die Blüten der Schafgarbe erscheinen im Frühsommer und stehen in kleinen Doldenrispen.

Anbauen und ernten

Zum gesunden Wachstum benötigt die Schafgarbe gut durchlässige Böden und einen sonnigen Standort. Die Pflanzen werden durch Aussaat im Frühjahr oder besser durch Teilung des Wurzelstockes im Herbst vermehrt. Einmal im Garten angesiedelt, können die Pflanzen über mehrere Jahre am Standort verweilen und breiten sich dort stark aus. Aus diesem Grund müssen die Wurzelstöcke regelmäßig reduziert werden.

Geerntet wird ab dem Frühjahr. Zuerst werden die Blätter der jungen Austriebe geerntet und frisch verarbeitet. Später, im Frühsommer, wird das ganze blühende Kraut geschnitten, gebündelt und getrocknet.

Verwenden und genießen

Schafgarbe wird damals wie heute vielfach als Küchen- und Heilkraut genutzt. Sie gilt als harntreibend, stoffwechselanregend, entzündungshemmend, antiseptisch und krampflösend.
Frische Frühlingsblätter sind gesund und werden zur Zubereitung von Kräuterquark oder -butter verwendet, auf Brot gegessen oder würzen Suppen und Salate.
Bekannter ist die Verwendung der Schafgarbe als Heilkraut. Getrocknete Blüten und Blätter helfen als Tee oder als Bestandteil von Teemischungen bei leichten krampfartigen Magen-Darm-Galle-Störungen, bei Magenkatarrhen, bei Menstruationsbeschwerden und regen den Appetit an. Die früher übliche Verwendung als Wundkraut ist inzwischen etwas in den Hintergrund getreten.

Typisch für die Schafgarbe sind die fiederschnittigen Blätter, die an Augenbrauen erinnern.

Die Schafgarbe ist warm und trocken. Sie hat gesonderte und feine Kräfte für Wunden. Man wäscht die Wunde mit Wein, und es soll in Wasser mäßig gekochte Schafgarbe, nachdem das Wasser mäßig ausgepresst wurde, warm über jenes Tuch leicht gebunden werden, das auf der Wunde liegt. Die Schafgarbe nimmt der Wunde die Fäulnis und die Schwären, das heißt das Geschwür, und sie heilt die Wunde. Und so geschehe es oft, solange es nötig ist. Aber nachdem die Wunde begonnen hat, sich ein wenig zusammenzuziehen und zu heilen, dann soll nach Wegwerfen des Tuches und ohne das Tuch die Schafgarbe auf die Wunde gelegt werden, und sie wird umso gesünder und vollkommener geheilt.

DAS GROSSE BUCH DER HILDEGARD VON BINGEN

Agrimonia eupatoria · Kleiner Odermennig

Bereits die alten Griechen schätzten den Odermennig und weihten die Pflanze der Göttin Pallas Athene. Er wurde genutzt, um böse Gedanken und Energien zu vertreiben. Der volkstümliche Name Heil aller Welt zeugt von der großen Bedeutung der Pflanze.

Der Kleine Odermennig ist eine mehrjährige einheimische Pflanze aus der Familie der Rosengewächse. Er wächst auf Weiden, an Waldrändern, Gebüschen und Zäunen. Die Staude wird bis 90 Zentimeter hoch, hat unpaarig gefiederte, behaarte Blätter und blüht von Juni bis September. Die kleinen, gelben Blüten stehen in lang gestreckten Trauben.

Aus alten Zeiten

Der Odermennig ist eine der berühmtesten und ältesten Heilpflanzen der Welt und das wohl aus gutem Grund. Schon die alten Ägypter schätzten die Heilwirkung des Krautes sehr und setzten es gegen allerlei Beschwerden, so zum Beispiel zur Heilung von Augenkrankheiten, ein. Auch die großen Ärzte des antiken Europas kannten die Pflanze, beschrieben ihre zusammenziehende Wirkung und empfahlen sie als Wundmittel, als Mittel gegen die Ruhr und manchmal auch als Gegengift bei Schlangenbissen. Außerdem war sie als Mittel gegen Lebererkrankungen bekannt. Inspiriert von den alten Kräuterbüchern, ließ Karl der Große Odermennig auf seinen Landgütern anbauen und auch die Klostergärten folgten seiner Empfehlung. Der berühmte Abt Walahfrid Strabo pflanzte das Kraut in seinen Garten und empfahl seine Verwendung bei Magenbeschwerden und bei Wunden. Hildegard von Bingen schätzte das Kraut ebenfalls sehr und beschrieb die stopfende, desinfizierende und reizlindernde Wirkung. Sie empfahl Odermennig als Fiebermittel sowie bei Entzündungen des Mund- und Rachenraums, bei Hauterkrankungen und auch bei inneren Erkrankungen.
Einst wurde Odermennig auch als das Kraut der Sänger gelobt. Wegen seines hohen Gerbstoffgehaltes wurde Odermennigtee zur Pflege der Stimmbänder getrunken.
Bei dieser Vorgeschichte ist es kein Wunder, dass die Volksheilkunde das Kraut bis heute nutzt und es als Tee oder als Bestandteil von Likörrezepturen zum Anregen des Appetits und zur Förderung der Verdauung empfiehlt.

Abkochung für Umschläge

- *100 g Odermennigkraut*
- *1 l Wasser*

Das getrocknete Kraut wird in einem Liter kaltem Wasser angesetzt, kurz aufgekocht und anschließend abgesiebt. Nach dem Abkühlen werden saubere Tücher mit dem Sud getränkt und auf die zu behandelnden Hautpartien bei Wunden, Ekzemen oder Verbrennungen aufgetragen.

Anbauen und ernten

Zum gesunden Wachstum benötigt der Odermennig warme, trockenere Böden bei voller Sonne. Vermehrt wird durch Aussaat im Frühjahr oder durch Teilung des Wurzelstockes im Herbst. Fühlt sich der Odermennig im Garten wohl, kann er über mehrere Jahre am Standort stehen bleiben. Im Sommer wird das blühende Kraut geschnitten, in kleine Sträußchen gebunden und vorsichtig getrocknet.

Odermenniglikör

- *50 g Odermennigkraut*
- *1 l hochprozentiger Alkohol*
- *Zucker*

Das getrocknete Kraut wird mit dem Alkohol aufgegossen und wenigstens vierzehn Tage stehen gelassen. Anschließend wird der Ansatz abgegossen und mit in heißem Wasser gelöstem Zucker abgeschmeckt, ohne den Likör allzu sehr zu verwässern. Wegen seines hohen Gehaltes an Bitterstoffen wirkt Odermenniglikör gut bei Magen-Darm-Beschwerden.

Verwenden und genießen

Odermennig enthält Kieselsäure, Gerb- und Bitterstoffe und ätherisches Öl. Odermennig-Tee wirkt daher wundheilend und entzündungshemmend und stärkt die Abwehrkräfte. Er hilft bei Appetitmangel und Magen-Darm-Beschwerden und wird auch als Gurgelmittel bei entzündeter Rachenschleimhaut oder bei entzündetem Zahnfleisch empfohlen.
Auch äußerlich angewendet, wirkt der Odermennig-Tee heilend. So wird er häufig als Umschlag, zur Waschung oder als Badezusatz bei Wunden, Abschürfungen, Ekzemen und Verbrennungen verwendet.

Die gelben Odermennigblüten stehen in Trauben und erfreuen uns den ganzen Sommer.

Allium sativum · Knoblauch

Knoblauch ist eine der ältesten und gleichzeitig faszinierendsten Kulturpflanze. Egal ob in der Heilkunde, in der Küche oder in der Welt der Zauberpflanzen – mit seinen charakteristischen Blütenständen und Knollen ist er ein unverzichtbarer Klassiker.

Der mehrjährige Knoblauch aus der großen Familie der Zwiebelgewächse ist seit mehreren Jahrtausenden als Kulturpflanze bekannt. Er hat graugrüne, schmale, hängende Blätter, wird bis zu 80 Zentimeter hoch und blüht im Sommer. Die Blütenstände bestehen aus Blüten und Brutzwiebeln und stehen auf interessant geformten Stängeln.

Aus alten Zeiten

Den Menschen ist der Knoblauch seit mehr als 5000 Jahren bekannt. Seine Verwendung als Kulturpflanze ist so alt und so weit verbreitet, dass heute nicht mehr nachzuvollziehen ist, von welchen Wildstandorten diese Pflanze stammt. Den Ägyptern galt Knoblauch als heilige Pflanze, man kannte seine gesundheitsfördernde Wirkung und hielt ihn für ein Aphrodisiakum. In Griechenland war Knoblauch wegen seines Geruches weniger beliebt. Der charakteristische Duft galt als unfein, und Knoblauch war die Speise armer Leute. Die Römer dagegen schätzten den Knoblauch sehr. In ihren Gärten wurde er als Gemüse angebaut und man schrieb den Zwiebeln eine gewisse Zauberwirkung zu. Knoblauch war als Mittel zur Steigerung der Libido und Potenz bekannt und damit ein geschätzter Rohstoff für die Herstellung von Liebestränken. Die Germanen kannten Knoblauch als Zauberpflanze und verwendeten ihn im Abwehrkampf gegen Dämonen und Vampire. Er galt als Schutzpflanze vor Vergiftungen und sollte vor Bosheit und Zauber schützen. Als Schutzschild reichte es aus, immer eine Knoblauchzehe bei sich zu tragen.
Erst im Mittelalter rückte die gesundheitsfördernde Wirkung der Zwiebel in den Mittelpunkt. Die Pflanze wurde auf den Hofgütern Karls des Großen angebaut und war auch im Klosterplan von St. Gallen verzeichnet. Die Klosterheilkunde kannte Knoblauch

Die Knollen des Knoblauchs wachsen unter der Erde und werden im Sommer geerntet.

als Mittel gegen die Pest und verwendete die Knollen wie die heutige Medizin gegen Magen- und Darmleiden.

Anbauen und ernten

Knoblauch bevorzugt, wie fast jedes Zwiebelgewächs, nahrhafte und durchlässige Böden an einem sonnigen Standort. Für die schnelle Kultur werden im zeitigen Frühjahr einzelne Zehen fünf Zentimeter tief in die Erde gesteckt. Zur Vermehrung von Knoblauch können auch Brutzwiebeln verwendet werden. Sie werden nach der Blüte im Sommer gesteckt, die Kultur ist dann zweijährig. Wächst Knoblauch im Einzelbeet, beträgt der Endabstand 15 × 20 Zentimeter und der Standort muss in jedem Jahr gewechselt werden. Die Knoblauchkultur ist unempfindlich, vertreibt Krankheiten und Schädlinge und ist für die Anlage von Mischkulturen bestens geeignet.

Die Ernte beginnt im Juli, wenn die Pflanze anfängt zu welken. Dazu werden die Zwiebeln vorsichtig aus der Erde gegraben und mindestens zwei bis drei Tage in der Sonne nachgetrocknet. Später müssen sie an einem kühlen, luftigen und trockenen Ort gelagert werden.

Die Blütenstände des Knoblauchs wachsen auf merkwürdig geformten Stängeln und bestehen aus Blüten und Brutzwiebeln.

Verwenden und genießen

Knoblauch enthält ätherisches Öl und organische Schwefelverbindungen und gilt als gefäßerweiternd, blutverflüssigend und blähungstreibend. Er ist wirksam bei chronischen Darminfektionen und bei Erkrankungen der Atemwege. Doch Vorsicht, Knoblauch kann Reizungen an Haut und Schleimhäuten verursachen. Knoblauchkapseln werden zur Vorbeugung von altersbedingten Gefäßveränderungen, zur unterstützenden Behandlung von Bluthochdruck und bei erhöhten Blutfettwerten verordnet. Homöopathische Anwendungsgebiete sind Entzündungen der unteren Luftwege, Verdauungsstörungen und rheumatische Beschwerden. Frische Sprosszwiebeln sind in der Küche ein beliebtes Gewürz für Fleisch-, Fisch- und Gemüsegerichte.

Althaea officinalis · Echter Eibisch

Der Eibisch wird seit Menschengedenken zur Behandlung verschiedener Krankheiten verwendet. An der Nordseeküste, dem natürlichen Verbreitungsgebiet des Eibischs, wurden bei Ausgrabungen von Siedlungen der Eisenzeit zahlreiche Früchte gefunden.

Die hellila- bis zartrosafarbenen Blüten schmücken den Garten von Juli bis September.

Eibisch ist eine 150 bis 200 Zentimeter hohe Staude aus der Familie der Malvengewächse. Seine Heimat sind die Küstenbereiche Europas und Westasiens. Eibisch hat handförmige, graugrüne, filzig behaarte Blätter und im ganzen Sommer attraktive, trichterförmige Blüten.

Aus alten Zeiten

Der Echte Eibisch ist ein uraltes Heilkraut. Älteste Pflanzenfunde stammen aus einem Neandertalergrab im heutigen Irak. Damals wurden die Menschen mit Grabbeigaben, zu denen auch Heilpflanzen gehörten, bestattet. Erste schriftliche Überlieferungen von der Verwendung des Eibischs als Heilkraut finden wir aus der Zeit der Antike. Theophrastos von Eresos, griechischer Philosoph und Naturforscher, berichtet bereits im vierten vorchristlichen Jahrhundert über die Verwendung von Eibischwein als Hustenmittel und der berühmte griechische Arzt Dioskurides empfiehlt Eibisch gegen Nieren- und Magenleiden und zum Schutz gegen den Biss wilder Tiere. Auch im römischen Kulturkreis war die Verwendung von Eibisch bestens bekannt. Die Ärzte und Gelehrten Galen und Plinius nennen Eibischblätter und -wurzeln als unentbehrliches Heilkraut

Eibischsirup

- *1 Teil Eibischwurzeln*
- *20 Teile Wasser*
- *30 Teile Zucker*

Ein Teil Eibischwurzeln wird mit zwanzig Teilen Wasser gekocht und muss etwas ziehen. Später wird der Sud abgesiebt und mit dreißig Teilen Zucker zu Sirup gekocht. Eibischsirup wirkt gegen Husten und ist besonders für Kinder gut geeignet.

der Hebammen. Kein Wunder, dass Eibisch dann im Mittelalter eine wichtige Kulturpflanze in den Kloster- und Bauerngärten war. Hildegard von Bingen empfiehlt das Kraut gemischt mit Essig, Wein oder Fett für vielerlei Anwendungen wie Fieber oder Kopfschmerzen. Die Wurzeln wurden zu Pulver zerrieben und zu Pastillen gegen Halsentzündungen und Husten verarbeitet.

Anbauen und ernten

Eibisch wächst am besten auf frischen bis feuchten Böden mit geringem Nährstoffgehalt und bevorzugt sonnige bis halbschattige Standorte. Die Aussaat erfolgt im Frühjahr zunächst im Topf. Später werden die Jungpflanzen im Freiland ausgepflanzt und bleiben viele Jahre am gleichen Standort. Während der Kultur ist auf Malvenrost zu achten, befallene Blätter sind regelmäßig zu entfernen.

Einzelne Blätter kann man vor der Blüte ernten und frisch verwenden. Das ganze Kraut wird während der Blüte und die Wurzeln im Herbst geerntet. Die Konservierung aller Pflanzenteile erfolgt durch schonende Trocknung.

Verwenden und genießen

Eibisch ist bis heute unsere wichtigste Schleimdroge. Die Eibischwurzel wird als Bestandteil von Teemischungen oder Sirup bei Infekten der Atemwege, z. B. trockenem Reizhusten oder entzündlichen Schleimhautreizungen verwendet. Von der antibakteriellen Wirkung des Eibischs profitiert auch das Verdauungssystem. Tee oder Sirup lindern Reizungen der Magenschleimhaut und wirken unterstützend bei Blasenentzündungen. Eibisch wird häufig auch äußerlich angewendet. Salben oder Umschläge mit warmen Aufgüssen wirken erweichend und helfen bei Verbrennungen, Hautentzündungen, Furunkeln und bei Abszessen. Wegen seiner desinfizierenden Wirkung ist Eibisch häufig Bestandteil von Gurgelwasser und wird als Seifenzusatz verwendet. Die Kosmetikindustrie verarbeitet Eibischwurzeln in Präparaten gegen rissige Haut, Sonnenbrand und trockenes Haar. Auch in der Küche ist das Kraut recht nützlich. Junge Blätter eignen sich als Salatzusatz und können auch als Gemüse gedünstet werden.

Die attraktiven Eibischblüten sind eine Oase für Bienen, Hummeln und Schmetterlinge.

Anethum graveolens · Dill

Der deutsche Name wird auf das altnordische dilla oder das angelsächsische dylle zurückgeführt, was so viel bedeutet wie beruhigen oder beschwichtigen. Kein Wunder, denn das Kraut gilt seit Urzeiten als Zauberpflanze gegen Hexen und Dämonen.

Dill ist eine einjährige Pflanze aus der großen Familie der Doldenblütengewächse. Er stammt ursprünglich aus Persien, war aber bereits in der Antike im gesamten Mittelmeerraum verbreitet. Dill wächst zunächst rosettig, hat fein gefiederte Blätter und treibt rasch 80 bis 125 Zentimeter hohe Blütentriebe. Je nach Aussaattermin blüht er von Juni bis August . Die gelblichen Blüten stehen in großen Doppeldolden und setzen bald Samen an.

Aus alten Zeiten

Schon die Ägypter bauten Dill in Gärten an, kannten seine Heilwirkung bei Kopfschmerzen und nutzten ihn als Gewürz. Wegen seiner konservierenden Wirkung wurde er zum Erhalt der Eingeweide von Mumifizierten verwendet. Auch die Griechen und Römer schätzten das Kraut sehr. Alte Kochbücher berichten von der Verwendung des Dills als Gewürz von Geflügel und Wein.
Bei uns wurde die Pflanze erstmals im Klosterplan von St. Gallen erwähnt und in den Klostergärten des Mittelalters angebaut. Hildegard von Bingen empfahl den Dill gegen Lungenleiden und zur Unterdrückung der Fleischeslust, eine gewisse Wirkung gegen Gicht und gegen Nasenbluten wurde ihm ebenfalls nachgesagt. Außerdem diente ein Tee aus Dillsamen als Beruhigungsmittel für Babys mit Koliken und sollte den Milchfluss stillender Mütter anregen.
Auch im Volksglauben ist das Kraut stark verankert und hat eine lange Geschichte. Angeblich nahmen Frauen früher am Tag der Hochzeit Dillsamen mit in die Kirche und flüsterten folgenden Spruch: *„Ich hab' Senf und Dill, mein Mann muss tun, was ich will. Wenn ich rede, schweig du still.“* Außerdem glaubte man, dass Dillsamen im Schuh Glück bringen und Dillbündel, an die Türen angebracht, sollten Hexen und unliebsame

Dillessig

- *Dill: Kraut oder Samen*
- *Weinessig*

Dillkraut und/oder -samen werden in Flaschen gegeben und mit dem Essig übergossen. Die Flasche wird an einem kühlen Ort aufbewahrt und gelegentlich umgedreht. Nach zwei Wochen kann der Essig probiert werden. Ist das Aroma intensiv genug, wird er abgesiebt und in saubere Flaschen umgefüllt. Ist das Aroma zu schwach, bleibt der Ansatz eine weitere Woche stehen. Dillessig wirkt bei Blähungen und Schlafproblemen.

Besucher abhalten. Aus diesem Grund wurden Dillbündel auch zur Vermeidung von Albträumen oder auch Mondsüchtigkeit unter das Kopfkissen gelegt.

Anbauen und ernten

Dill bevorzugt einen sonnigen Standort und tiefgründige, nahrhafte und frische Böden. Er wird im April direkt im Freiland breitwürfig oder in Reihen im Abstand von 25 bis 30 Zentimetern ausgesät. Folgeaussaaten sind bis August möglich. Dill wächst nicht an jedem Standort gleich gut, häufig ist es besser, wenn das Kraut im Garten verwildert. Frische Blätter und Blüten können während der gesamten Wachstumsperiode gepflückt werden, die Samen werden kurz vor der vollständigen Reife geerntet und nachgetrocknet.

Verwenden und genießen

Heute gilt Dill als feines Gewürz, seine Heilwirkung ist etwas in den Hintergrund geraten. Blätter und Blüten würzen frisch oder getrocknet Gurken, Fisch oder Salat. Die getrockneten Samen werden zum Einlegen von Gurken verwendet und eignen sich bestens für die Herstellung von Kräuteressig. Der Tee aus Dillsamen ist in der Volksheilkunde durchaus beliebt. Er gilt als milchbildend, hilft bei Blähungen, wirkt appetitanregend und kann bei nervöser Schlaflosigkeit helfen und Verkrampfungen lindern.

Hat Dill einmal im Garten Fuß gefasst, ist er im Kräuter- oder Gemüsebeet eine schmackhafte Zier. Seine feinen Blätter, die gelben Doldenblüten und die Fruchtstände bereichern unsere Sinne.

Angelica archangelica · Echte Engelwurz

Engelwurz ist eine uralte Heil- und Zauberpflanze und stammt aus dem hohen Norden. In Skandinavien wurde sie erstmals im 10. Jahrhundert erwähnt und wird dort bis heute auf den Märkten als Heil- und Gemüsepflanze gehandelt.

Die Engelwurz ist eine imposante zweijährige Pflanze aus der Familie der Doldenblütengewächse. Ihre Heimat ist der Polarkreis Europas und Westasiens, in Mitteleuropa ist sie seit dem Mittelalter als Kulturpflanze bekannt. Im ersten Jahr wächst eine Blattrosette mit großen, hellgrünen, mehrfach gefiederten Blättern. Die weißen Blüten erscheinen im Sommer des zweiten Jahres und stehen in großen Dolden auf bis zu 250 Zentimeter hohen, im oberen Teil verzweigten Blütenständen. Nach dem Ausreifen der Früchte sät sich die Pflanze aus und stirbt ab.

Aus alten Zeiten

Der Legende nach brachte der Erzengel Raphael, zuständig für himmlische Heilung, die Engelwurz einem Mönch zur Heilung. Erste schriftliche Zeugnisse über die Verwendung der Engelwurz in Mitteleuropa finden wir Mitte des 14. Jahrhunderts im Gothaer Arzneibuch, in dem die Pflanze unter dem Namen Heiligengeistkraut beschrieben wurde. Im Mittelalter war die Pflanze Hauptbestandteil verschiedener Verjüngungselixiere und galt auch als Mittel gegen angezauberte Impotenz. Alle Pflanzenteile verströmen einen intensiven aromatischen Geruch, dem sogar eine

Die ballförmigen Dolden sind das eindeutige Erkennungsmerkmal der Echten Engelwurz.

gewisse Wirksamkeit gegen Pest nachgesagt wurde. Engelwurz war einer der Bestandteile des berühmten Theriaks, eines Wundermittels, das im Mittelalter als Allheilmittel galt. Theriak bestand aus wenigstens 60 verschiedenen Kräutern; Hauptbestandteile waren Mohn, Engelwurz, Baldrian und Möhrensamen. Basierend auf diesem alten Wissen, ist in der Naturheilkunde bis heute die Verwendung von Schwedenkräutern bekannt.

Anbauen und ernten

Engelwurz bevorzugt nahrhafte, durchlässige, feuchte Böden und gedeiht auch an halbschattigen Standorten.
Ausgesät wird im Herbst im Freiland, die Keimung erfolgt im nächsten Frühjahr (Frostkeimer!). Engelwurz bildet riesige Blütenstände und muss daher auf einen großen Endabstand gepflanzt werden. Während des ganzen Sommers können frische Blätter und Blattstiele geerntet werden, im Herbst die Früchte und Wurzeln.

Die Blütenstände der Echten Engelwurz sind riesig und beanspruchen ausreichend Platz.

Magenbitter

- *50 g Engelwurzwurzel*
- *50 g Enzianwurzel*
- *50 g Wermutkraut*
- *50 g Kalmuswurzel*
- *1 Zimtstange*
- *500 ml Weinbrand oder Wodka*

Die Zutaten werden in getrockneter Form in ein Gefäß gegeben und mit dem Alkohol übergossen. Anschließend wird das Gefäß verschlossen und an einen dunklen Ort gestellt. Nach zwei bis drei Wochen wird der Sud abgesiebt und in Tropffläschchen abgefüllt. Bei Verdauungsbeschwerden gibt man vor jeder Mahlzeit etwa zehn Tropfen in ein Glas warmes Wasser und trinkt es schluckweise.

Verwenden und genießen

Heute sind die Wurzeln der Engelwurz Bestandteil von Teemischungen gegen Magen- und Darmstörungen. Das ätherische Öl kann für Kreislaufbäder verwendet werden und ist Bestandteil von Einreibemitteln gegen rheumatische Beschwerden. Frische Blätter und Blattstiele würzen Suppen, Saucen und Salate. Getrocknete Wurzeln sind ein aromatisches Gewürz oder auch Rohstoff zum Herstellen von Bitterschnäpsen.
Vorsicht im Umgang mit der Pflanze, fototoxische Substanzen können in Verbindung mit Sonnenlicht Verbrennungen auf der Haut erzeugen.

Anthriscus cerefolium ssp. *cerefolium* · Kerbel

Der Artname cerefolium erinnert an Ceres, die römische Göttin der Fruchtbarkeit. Die Römer waren es auch, die das Kraut zu uns nach Mitteleuropa brachten, wo der Kerbel zu den großen Heilpflanzen der Klosterheilkunde avancierte.

Kerbel, auch unter dem Namen Körbel bekannt, ist eine einjährige Pflanze aus der Familie der Doldenblütengewächse. Er stammt ursprünglich aus dem Kaukasus und ist heute meist als Kulturpflanze verbreitet. Kerbel wächst anfangs rosettig und hat hellgrüne, mehrfach gefiederte Blätter. Von Mai bis August erscheinen weiße Blüten in aufrechten, bis 70 Zentimeter hohen zusammengesetzten Dolden.

Die jungen Kerbelblätter sind aromatisch und schmecken besonders im Frühjahr.

Aus alten Zeiten

Die Griechen schienen den Kerbel nicht besonders zu schätzen, jedenfalls ist von der Verwendung des Krautes dort nur wenig überliefert. Lediglich Dioskurides empfahl den Kerbel als Kochkraut mit positiver Wirkung auf den Magen und die Blase. Anders bei den Römern, sie kannten Kerbel als Heilmittel und als leckeres Gewürz. Sie setzten das Kraut gegen Seitenstechen, Magenschmerzen und Geschwüre ein, und im Kochbuch des Apicius ist Kerbel als Gewürz für Hühnchen oder Eintopf zu finden. Bei uns wurde Kerbel nicht zuletzt durch die Klosterheilkunde populär. Kerbel ist Bestandteil des *Capitulare de villis* und auch Walahfrid Strabo beschrieb das Kraut in seinem *Hortulus*. Er empfahl ihn zur Blutstillung und gegen Leibschmerzen. Außerdem pries er das Kraut als Volksnahrungsmittel und scheinbar war es wichtig für die Ernährung der Mönche während der Fastenzeit. Auch die Kräuterbuchautoren schätzten den Kerbel sehr – Jacobus Theodorus Tabernaemontanus ist voll des Lobes (siehe Kasten).

Anbauen und ernten

Kerbel ist eine recht unempfindliche Pflanze. Er benötigt zum gesunden Wachstum nahrhafte und feuchte Böden in sonniger bis halbschattiger Lage. Auch die

Topfkultur auf der Fensterbank ist möglich. Die Aussaat erfolgt ab März und für die kontinuierliche Versorgung mit frischen Blättern sind Folgeaussaaten im Abstand von vierzehn Tagen bis August möglich. Kerbel neigt zur Selbstaussaat und wandert so gern durch den Garten. Die Sämlinge überstehen im Allgemeinen den Winter sehr gut und liefern im Frühjahr die ersten frischen Blätter. Im Frühjahr oder Sommer werden die jungen Blätter oder später das ganze blühende Kraut geerntet und ausschließlich frisch verwendet. Kerbel verliert beim Trocknen schnell sein Aroma.

Verwenden und genießen

Kerbel hat harntreibende und verdauungsfördernde Eigenschaften und enthält zahlreiche Vitamine. Die Volksheilkunde verwendet den Tee oder Presssaft zu Frühjahrskuren, um den Stoffwechsel anzuregen und den Körper zu entschlacken. Der Tee hilft bei Hautleiden, Gicht und Wassersucht und der Presssaft wird zur innerlichen Anwendung bei Rheuma, Asthma oder Unterleibsbeschwerden empfohlen. Äußerlich angewendet hilft er bei Entzündungen, Ekzemen und Abszessen.

In der Küche sind frische Kerbelblätter eine beliebte Beigabe zu Huhn, Fisch, Lamm- und Kalbfleisch sowie Eierspeisen, jungem Gemüse, Suppen und Saucen. Auch die berühmte, bereits von Goethe beschriebene Frankfurter Grüne Soße enthält Kerbel.

Kerbel ist leicht mit anderen Pflanzen aus der Familie der Doldenblütengewächse zu verwechseln.

„Es hat das Körffelkraut nicht ohne Ursach seinen Platz in der Küchen bey uns bekommen dann es bey den Gesunden und Krancken zu jederzeit ohne einige Schaden in den Speisen nützlich mag gebrauchet werden …
. … Körbelkraut in der Speiß oder sonst auf andere Manier gebrauchet wie man immer will ist dem Magen und Haubt gesund von wegen seines lieblichen Geruchs und Geschmacks. … es reinigt das Geblüt und machet lustig zu essen. Ist derowegen sonderlich gut in der Suppen und allen anderen Speisen gebrauchet.“

JACOBUS THEODORUS TABERNAEMONTANUS

Armoracia rusticana · Meerrettich

Die sehr scharf schmeckenden Wurzeln der im südlichen Mitteleuropa und Schlesien unter dem Namen Kren bekannte Pflanze sind spätestens seit dem 14. Jahrhundert in der Küche und als Hausmittel ausgesprochen beliebt.

Meerrettich stammt ursprünglich aus Südosteuropa und ist bei uns als Kulturpflanze und in der Nähe ehemaliger Kulturen auch verwildert zu finden. Die bis 120 Zentimeter hohe, rosettig wachsende, stark wuchernde Staude aus der Familie der Kreuzblütengewächse hat bis zu 100 Zentimeter lange eilängliche Blätter und sehr lange, wenig verzweigte, weiße Pfahlwurzeln. Die weißen Blüten erscheinen von Mai bis Juli in aufrechten, langen Trauben.

Meerrettich hat lange weiße Pfahlwurzeln mit wunderbar scharfem Geschmack.

Aus alten Zeiten

Schon die alten Ägypter kannten die geheimnisvollen Kräfte des Meerrettichs. Und verwendeten die Wurzeln als Gewürz, Gemüse und als Heilmittel. Und auch den alten Griechen war die Pflanze bestens vertraut. Ihre Mythologie besagt, dass das Orakel von Delphi zu Apollon gesagt habe, Meerrettich sei sein Gewicht in Gold wert. Es ist anzunehmen, dass der Meerrettich von slawischen Stämmen im südlichen Mitteleuropa eingeführt wurde.

Schriftliche Hinweise auf den Anbau der Heil- und Gewürzpflanze sind uns erstmals aus den Klöstern des Mittelalters bekannt. Hildegard von Bingen beschreibt die Pflanze unter dem Namen Merrich und nutzte die Wurzeln aufgrund ihres Gehalts an Senfölen als natürliches Antibiotikum vorbeugend gegen grippale Infekte.

Im Volksglauben gilt Meerrettich als Aphrodisiakum. Die Pflanze wird in allen Kräuterbüchern des 16. Jahrhunderts beschrieben und die Volksheilkunde verwendet die Wurzeln bis heute bei Verdauungsstörungen, bei Husten, bei infizierten Wunden und Insektenstichen, bei Blasen- und Nierenleiden sowie bei Rheuma. In Südostdeutschland wird Meerrettich seit Jahrhunderten auch feldmäßig angebaut und vor allem in der Küche verwendet.

Meerrettichblätter werden riesig und sind gut an ihrer frischgrünen Farbe zu erkennen.

Anbauen und ernten

Meerrettich bevorzugt nährstoffreiche, lockere Böden in sonniger bis halbschattiger Lage. Da die Fruchtstände des Meerrettichs fast nur taube Samen enthalten, muss die Pflanze durch Wurzelableger (Fechser) vermehrt werden. Dazu werden im März Wurzeln ausgegraben, in etwa zwanzig Zentimeter lange Stücke geschnitten und in großen Abständen wieder ausgepflanzt. Ab dem zweiten oder spätestens dem dritten Standjahr können die Wurzeln ganzjährig geerntet werden. Um ein ausuferndes Wachstum zu verhindern und Wintervorräte anzulegen, werden einige der Pfahlwurzeln im Herbst ausgegraben und an einem kühlen, frostfreien Platz in feuchten Sand eingeschlagen.

Verwenden und genießen

Meerrettich wird heute in erster Linie in der Küche als Gewürz verwendet. Die Meerrettichwurzeln werden geschält, gerieben oder mit Quark oder Sahne vermischt und als scharfe Würze zu Fleisch und Fisch gereicht. Allerdings hat die Wurzel auch in der Volksheilkunde noch große Bedeutung. So kann sie zerschnitten und in Branntwein eingelegt werden und ergibt ein beliebtes Einreibemittel gegen Rheuma und Gicht. Meerrettichwein wirkt wassertreibend, regt die Verdauung an und und beseitigt Lungen- und Darmverschleimungen. Der Saft der frischen Blätter wirkt lindernd bei Stich-, Schnitt- und Brandwunden und Meerrettichumschläge fördern die Durchblutung der Haut. Doch Vorsicht: Bei übermäßigem Genuss können Reizungen des Magen-Darm-Traktes sowie der Blase auftreten. Bei entsprechend veranlagten Personen kann Meerrettich Allergien auslösen.

Meerrettichsoße

- *1 Becher Sauerrahm oder Schmand*
- *1–2 EL frisch geriebener Meerrettich*
- *Salz*
- *1 kleiner Apfel*

Der Sauerrahm wird mit dem frisch geriebenen Meerrettich verrührt und leicht gesalzen. Hinzu kommt ein fein geriebener kleiner Apfel und fertig ist die Soße. Meerrettichsoße ist Beilage von Fleischgerichten oder Räucherfisch und schmeckt gut als würzender Bestandteil von Cremesuppen.

Artemisia abrotanum · Eberraute

Alte Pflanzensagen berichten von der beruhigenden Wirkung der Eberraute und ihrer Verwendung zur Behandlung von Verletzungen durch Pfeilspitzen. In Griechenland war das aromatische Kraut der Göttin Diana geweiht, der Schützerin der Gebärenden.

Im Volksmund ist die Eberraute unter vielen Namen bekannt. Die Namen Ebereis, Schoßwurz, Albraute oder Stabwurz deuten auf die uralte Verwendung der Pflanze hin. Der wintergrüne Halbstrauch wächst dichtbuschig und wird bis 150 Zentimeter hoch. Die graugrünen Blätter sind mehrfach gefiedert und duften intensiv. Von Juli bis September erscheinen unscheinbare, blassgelbe Blüten in Trauben.

Aus alten Zeiten

Der berühmte griechische Arzt Dioskurides hat die Eberraute sehr geschätzt. Er riet, den Samen mit Öl zu vermischen und als Wärme erzeugendes Mittel gegen Schüttelfrost zu verwenden. Seine weitere Empfehlung war, den Samen zu zerkleinern und als Brühe gekocht gegen Kurzatmigkeit, Krämpfe, Brüche und Hüftbeschwerden oder in Wasser oder Öl eingelegt als Umschlag bei Geschwüren zu verwenden. Bei uns in Mitteleuropa wird die Eberraute seit dem 9. Jahrhundert in vielen Kloster- und Bauerngärten angebaut. Walahfrid Strabo beschrieb die Eberraute wie folgt: „*Sie hat so viel Kräfte wie haarfeine Blätter.*“ Er nutzte das Kraut wohl gegen Fieber, Seitenstechen und Gicht. Hildegard von Bingen empfiehlt den Saft des Krautes gegen Grind, Beulen und Geschwüre. Umschläge aus einem Gemisch von Saft, altem Fett und Baumöl, alles in einer Pfanne gedünstet, seien „*auf das Glied, dem die Gicht so wütet*“ aufzulegen. Eberraute wurde auch als Mittel gegen Schwindsucht und gegen die Pest eingesetzt. Im Mittelalter war das Kraut wegen seiner Bitterstoffe Gewürz von besonders fetten Speisen und auch Getränken. Im Volksglauben ist die Eberraute fest verankert. Sie gilt als Aphrodisiakum und auch die Verwendung von Duftkränzen hat eine lange Tradition.
Heute ist die Anwendung von Eberraute weitestgehend in Vergessenheit geraten.

Der Beifuß ist ein enger Verwandter der Eberraute und wird bis heute vielseitig verwendet.

Die Eberraute hat besonders fein gefiederte, aromatische Blätter.

Anbauen und ernten

In der Natur wächst die Eberraute auf den felsigen Hängen des Mittelmeerraums. Die Pflanze bevorzugt daher bei uns trockene, durchlässige und kalkhaltige Böden in sonniger, geschützter Lage. Der Halbstrauch wird im Sommer durch Stecklinge vermehrt, ältere Pflanzen können im Herbst geteilt werden. Da der Strauch sehr langsam wächst, ist ein Rückschnitt erst nach mehreren Jahren sinnvoll. Geerntet werden junge Triebspitzen im Sommer.

Verwenden und genießen

In der Küche wird Eberraute frisch oder getrocknet zum Würzen von Saucen, Fleischgerichten und Salaten oder als Bestandteil von Kräuterlikören verwendet. Die Volksheilkunde nutzt die Pflanze nach wie vor als Bittermittel zur Anregung der Magen- und Gallensaftsekretion und damit zur Anregung des Appetits sowie als Mittel gegen Fadenwürmer bei Kindern. Als Badezusatz soll Eberraute Wunden rascher abheilen lassen. Homöopathische Anwendungsgebiete sind Drüsenschwellungen, Erschöpfungszustände, Abmagerung und Entzündungen.

Weitere Arten

Echter Wermut *(Artemisia absinthium)* gehört zu den bedeutendsten Pflanzen der antiken Medizin. Besonders beliebt war die Anwendung bei Schlaflosigkeit und gegen Motten. Ende des 19. Jahrhunderts wurde Absinthlikör zu einer Modedroge, die 1923 wegen der hirnschädigenden Wirkung des Thujons verboten wurde. Heute ist Wermutkraut Bestandteil von Teemischungen zur Appetitanregung, bei Verdauungsstörungen und Gallenbeschwerden.

Römischer Wermut *(Artemisia pontica):* Römische Ärzte kannten Wermut als Heilmittel gegen viele Krankheiten, insbesondere seinen heilenden Einfluss auf Frauenkrankheiten. Sie weihten die Pflanze der Artemis, Göttin der Natur, der Jagd und der Jungfräulichkeit. Römischer Wermut wirkt stärkend für den Magen sowie schweiß- und harntreibend und die Blätter werden als Gewürz verwendet.

Gewöhnlicher Beifuß *(Artemisia vulgaris)* wurde früher gegen chronische Müdigkeit und Frauenleiden eingesetzt. Zur Sommersonnenwende band man sich zum Tanz Gürtel aus Beifuß um die Taille und warf diese anschließend in das Feuer. Das Ritual diente dem Erhalt der Gesundheit und der Abwehr von Dämonen. Erst Hildegard von Bingen erkannte die appetitanregende und verdauungsfördernde Wirkung des Krautes und nutzte Umschläge gegen Ekzeme. Bis heute verwendet die Volksheilkunde das Kraut als Tee bei Magenverstimmungen oder zur Herstellung von Kräuterlikören. In der Küche ist es in erster Linie ein Gewürz für Fleischgerichte und Gemüse.

Calendula officinalis · Ringelblume

Die Ringelblume ist der heimliche Star der Hildegard-Medizin und bis heute eine unserer bekanntesten Heilpflanzen. Da die Pflanze ausgesprochen attraktiv und ihre Heilkraft in der Volksheilkunde sehr begehrt ist, ist sie in zahlreichen Gärten zu finden.

Die Ringelblume ist ein ein- bis zweijähriges Kraut aus der Familie der Korbblütengewächse. Aus den fleischigen Pfahlwurzeln treiben aufrechte, stark verzweigte, 20 bis 60 Zentimeter hohe Blütenstände mit blassgrünen, länglichen, filzig behaarten Blättern. Die gelben oder orangefarbenen Strahlenblüten erscheinen von Juni bis Oktober. Bald bilden sich charakteristische Fruchtstände und die ausfallenden Samen keimen erneut oder im folgenden Frühjahr.

Aus alten Zeiten

Obwohl die Ringelblume ursprünglich wohl aus dem Mittelmeerraum stammt, gibt es keine eindeutigen Belege für ihre Verwendung in der Antike. Das mag wohl auch daran liegen, dass nicht alle Pflanzennamen der alten Rezepturen zweifelsfrei den heute gebräuchlichen Pflanzennamen zugeordnet werden konnten. Als Heilpflanze ist die Ringelblume eher eine Entdeckung des Mittelalters und ganz eng mit der Heilkunde der Hildegard von Bingen verbunden. Hildegard

Ein Beet mit blühenden Ringelblumen ergibt einen herrlichen Farbklecks im Garten.

Frische Ringelblumenblüten eignen sich gut für die Dekoration von Buffets.

beschrieb ihre *Calendula* als entzündungshemmend und heilend und empfahl die Verwendung bei entzündeter Haut sowie zur Entgiftung der inneren Organe. Spätestens seit dieser Zeit ist die Ringelblume eine der beliebtesten Pflanzen der Volksheilkunde. Aber auch im Volksglauben ist die Ringelblume stark verankert. Wegen ihrer unerschöpflichen Blühfreudigkeit gilt die Ringelblume bei vielen Völkern als Symbol für die Unvergänglichkeit. Lange Zeit wurde sie in vielen Lebensbereichen als Schutz- und Heilpflanze verwendet. Der Blumenkranz über der Tür vertreibt negative Energie und Ringelblumen unter dem Bett böse Träume. Auf Gräber gepflanzt, schenkt sie dem Verstorbenen Ruhe und Frieden. Seit der Antike gilt die Ringelblume als Safranersatz und Ringelblumenblüten werden traditionell auch zum Färben von Lebensmitteln, zum Beispiel Butter, verwendet.

Junge Ringelblumenblätter würzen Salate, die Blüten können als Tee aufgegossen werden.

Anbauen und ernten

Ringelblumen bevorzugen nahrhafte, gut durchlässige Böden in vollsonniger Lage. Ihre Vermehrung erfolgt von März bis Mai durch Aussaat im Freiland. Sie werden in Reihen ausgesät, sind Bestandteil von Mischkulturen oder wachsen im Blumenbeet. Einmal im Garten angebaut, sät sich die Ringelblume selbst immer wieder neu aus. Blütenblätter und junge grüne Blättchen können während des ganzen Sommers geerntet und frisch verwendet werden. Für die Anlage von Vorräten werden den ganzen Sommer über Blüten geerntet und getrocknet.

Verwenden und genießen

In unserer Kräuterheilkunde ist die Ringelblume mit ihrer antiseptischen und heilenden Wirkung eine der vielseitigsten Heilpflanzen. Sie wird als Salbe oder Tinktur bei schlecht heilenden Wunden, bei Entzündungen, bei Frostbeulen und bei Verbrennungen verwendet. Gurgeln mit Ringelblumentee hilft bei Mund- und Rachenentzündungen und gilt als reinigendes und entgiftendes Mittel bei chronischen Infektionen.
Auch in der Küche ist die Verwendung von Blütenblättern und frischen, jungen Blättchen zum Würzen von Salaten beliebt. Frische, ganze Blüten sind eine attraktive Dekoration von Salaten und Reisgerichten.

Carum carvi · Kümmel

Schon in der Steinzeit wurde Kümmel auf den Wiesen gesammelt. Die bis heute oft verwendete Bezeichnung Wiesen-Kümmel erinnert noch daran. Kümmel wurde wohl erst im Mittelalter in Kultur genommen und in Gärten und auf Feldern angebaut.

Kümmel ist eine zweijährige Pflanze aus der Familie der Doldenblütengewächse und auf den Wiesen Europas, Asiens und Nordamerikas zu Hause. Die wintergrüne Pflanze wächst rosettig und treibt im ersten Jahr nur gefiederte Blätter. Im Frühjahr des zweiten Jahres erscheinen aufrecht wachsende, verzweigte, bis 120 Zentimeter hohe Blütenstände mit weißen Dolden. Bei den Früchten handelt es sich um sichelförmige Spaltfrüchte.

Aus alten Zeiten

Kümmel ist vermutlich das älteste Gewürz der Welt und die verschiedenen Arten wurden wohl schon immer vom Menschen verwendet.

Kümmelsamen fallen bei Vollreife direkt aus und sollten daher kurz vorher gesammelt werden.

Bei Ausgrabungen mitteleuropäischer Pfahlbauten aus der Steinzeit fand man Wiesen-Kümmel, und Funde in den Grabkammern der Pharaonen belegen die frühe Verwendung des Kreuzkümmels im Süden. Im *Capitulare de villis* wurden beide Kümmelarten beschrieben, auch wenn der Kreuzkümmel bei uns eher kümmerlich wächst. Trotzdem wurde er noch im Mittelalter auch bei uns bevorzugt. Der Anbau des Wiesen-Kümmels setzte sich erst nach und nach durch. Hildegard von Bingen kannte den Wiesen-Kümmel als wichtige Heil- und Gewürzpflanze. Sie befand, Kümmel kläre den Verstand und sei als Käsegewürz sehr nützlich. Und auch die großen Kräuterbuchautoren Otto Brunfels und Hieronymus Bock beschrieben die Vorzüge des Kümmels in ihren Kräuterbüchern. Im Volksglauben galt Kümmel als Pflanze gegen den bösen Zauber und wurde in den Brotteig gemischt und mitgebacken, um böse Geister zu vertreiben. Unruhigen Kindern wurde zur Abwehr von Dämonen Kümmel unter das Bett gegeben, damit sie gut schliefen. Doch der Samen galt auch als Aphrodisiakum.

Anbauen und ernten

Zum gesunden Wachstum benötigt Kümmel einen nährstoffreichen Gartenboden und genügend Feuchtigkeit. Um Welkekrankheiten vorzubeugen, muss der Standort nach

jeder Kultur gewechselt werden. Kümmel wird im Allgemeinen im Frühjahr in Reihen ausgesät und später vereinzelt. Die Aussaat ist, wie bei allen zweijährigen Pflanzen, auch im Sommer nach der Fruchtreife möglich. Das Saatgut darf nicht mit Erde abgedeckt werden, da Kümmel zu den Lichtkeimern gehört.
Im Sommer des ersten Jahres können frische Blätter geerntet werden, die reifen Früchte erst nach der Blüte im zweiten Jahr. Um das Aroma lange zu erhalten, sollten Kümmelfrüchte dunkel gelagert werden.

Verwenden und genießen

Kümmeltee (2 TL auf 250 ml Wasser) ist ein altes Hausmittel und hilft bei Völlegefühl, bei krampfartigen Bauchschmerzen, bei Blähungen und bei Gallenbeschwerden.
Bis zu drei Tassen täglich sind bei Bedarf zu empfehlen. Die Volksheilkunde kennt den Tee auch als Mittel gegen Husten. Viel populärer jedoch ist die Verwendung von Kümmelfrüchten als Gewürz. So sind zahlreiche Rezepturen von Fleischgerichten, Kohl oder Käse ohne Kümmel nicht vorstellbar und das Gewürz wird gleichzeitig zum Mittel gegen Verdauungsbeschwerden. Wer den intensiven Eigengeschmack von Kümmel nicht mag, bevorzugt vielleicht einen Schnaps oder Likör. Einer der bekanntesten Kümmelschnäpse ist der Aquavit. Die Küche kennt auch die Verwendung von jungen Blättern, Blüten oder Wurzeln als Würze von Salaten.

Vorsicht beim Sammeln von Wiesen-Kümmel: In seiner Familie gibt es auch ähnlich aussehende Giftpflanzen!

Kümmellikör

- *30 g Kümmelsamen*
- *1 Flasche Schnaps (Doppelkorn, Obstler oder Wodka)*
- *100 g Kandiszucker*

Die leicht gestoßenen Kümmelsamen werden mit einer Flasche Schnaps übergossen und mit dem Kandiszucker gesüßt. Der Ansatz bleibt etwa drei Wochen stehen und wird täglich geschüttelt, bis sich der Zucker aufgelöst hat. Anschließend wird der Likör abgesiebt und in saubere Flaschen umgefüllt.

Cnicus benedictus · Benediktenkraut

Benediktenkraut galt schon den Druiden als heilige Pflanze. Sie wurde genutzt, um Schutz zu geben und Stärke zu verleihen. Später wurde die Heilpflanze dem heiligen Benedikt von Nursia geweiht. Er empfahl den Anbau des Krautes in den Klostergärten.

Benediktenkraut ist ein distelartiges, bis 50 Zentimeter hohes, einjähriges Kraut aus der Familie der Korbblütengewächse und im Mittelmeerraum anzutreffen. Sein Stängel ist fünfkantig, streifig und steif behaart. Die unteren Blätter sind länglich, klebrig, behaart und haben auslaufende, stachlige, zahnförmige Blattspitzen. Die duftenden, goldgelben Blütenköpfe haben bestachelte Hüllblätter und erscheinen von Mai bis Juli.

Aus alten Zeiten

Das Benediktenkraut kennt viele Namen: Kardobenediktenkraut, Distelkraut, Spinnendistelkraut, Bernhardinerkraut, Bitterdistel oder Bornwurz. Es stammt ursprünglich aus dem Orient und war schon in der Antike als Heilpflanze bekannt. Dioskurides berichtete von der verdauungsfördernden Wirkung des Benediktenkrautes und empfahl es bei Magenstörungen. Schon bald jedoch geriet die Heilwirkung der Pflanze in Vergessenheit.
Dem Volksglauben blieb die Pflanze allerdings gut in Erinnerung. Benediktenkraut wurde stets zur Abwehr von Hexen und Dämonen verwendet. Besonders in der Räuchermagie hat das Kraut eine lange Tradition und wurde zum Räuchern an allen wichtigen Orten des Hauses genutzt. Benediktenkraut war auch Bestandteil des legendären Malefiz-Pulvers, eines Mittels, das gern zur Austreibung böser Geister verabreicht wurde. Nicht zuletzt wegen der Empfehlung des heiligen Benedikt von Nursia wurde das Kraut im Mittelalter in unseren Klostergärten angebaut. Im 16. Jahrhundert beschrieb Adam Lonitzer

Das Benediktenkraut neigt als einjährige Distel kaum zum Verwildern.

das Cardobenedikt in seinem Kräuterbuch und das Kraut fand Einzug in die Volksheilkunde, in der es bis heute sehr vielseitig verwendet wird und somit seinen festen Platz behaupten kann.

Anbauen und ernten

Als Pflanze des Orients mag das Benediktenkraut nahrhafte, sandige, trockene Böden in sonniger und warmer Lage. Das Benediktenkraut wird durch Freilandaussaat vermehrt und später vereinzelt. Der Reihenabstand beträgt etwa 30 Zentimeter. Wie bei vielen einjährigen Pflanzen ist die Kulturzeit recht kurz und der Pflegeaufwand eher gering. Geerntet wird im Sommer das ganze blühende Kraut.

Verwenden und genießen

Die Volksheilkunde verwendet Benediktenkraut als Tee zur Anregung des Appetits sowie gegen Störungen der Verdauungsorgane und zur Blutreinigung. Das Kraut ist

Besonders auffällig sind die stacheligen Blütenstände mit ihren leuchtend gelben Einzelblüten.

Bestandteil zahlreicher Leber- und Galleteerezepturen. Äußerlich, in Form von Umschlägen angewendet, fördert Benediktenkraut die Wundheilung. Der Extrakt ist häufig Bestandteil von Kräuterlikörrezepturen, zum Beispiel dem Benediktiner. Achtung: Die Pflanze gilt als schwach giftig. Das Kraut darf nicht während der Schwangerschaft und Stillzeit verwendet werden, auch bei Nierenentzündung und überhöhter Magensaftproduktion ist von der Einnahme des Tees abzuraten. Bei sehr hoher Dosierung kann es zu Brennen im Mund- und Rachenraum und zu Durchfällen kommen. Bei Berührung der Pflanze können allergische Hautreaktionen ausgelöst werden.

Benediktenkrauttee

Für eine Tasse Tee übergießt man zwei Teelöffel des Krauts mit 150 ml kaltem Wasser und erhitzt es bis zum Sieden. Der Tee muss fünf bis zehn Minuten ziehen, anschließend wird die Flüssigkeit abgesiebt. Der Tee wird jeweils eine halbe Stunde vor den Mahlzeiten getrunken und darf nicht gesüßt werden, da sonst die Wirkung der Bitterstoffe verloren geht. Für einen Umschlag wird eine Kompresse mit dem Tee getränkt und mehrmals täglich auf die wunden Stellen gelegt.

Coriandrum sativum · Koriander

Koriander zählt zu den ältesten uns bekannten Gewürzen und wird seit Jahrtausenden angebaut. Schriften wie das Alte Testament, das ägyptische Papyrus Ebers und auch chinesische und indische Medizinbücher zeugen von der großen Bedeutung dieser Pflanze.

Das einjährige Doldenblütengewächs stammt ursprünglich aus den Gebirgen des östlichen Mittelmeerraums. Aus einer dünnen, spindelförmigen Pfahlwurzel treibt es zunächst eine Rosette mit dreilappigen, gekerbten grünen Blättern, die streng nach Wanzen riechen. Im Juni oder Juli wachsen 50 bis 70 Zentimeter hohe Blütenstängel mit den kleinen weißen, in Dolden stehenden Blüten und fiederteiligen Blättern. Die aromatischen Früchte sind braune, kugelige Spaltfrüchte.

Die auffälligen Dolden bestehen aus attraktiven Einzelblüten.

Aus alten Zeiten

Alle Hochkulturen des Mittelmeerraums nutzten Koriander in der Küche und auch als Heilpflanze. Die ältesten Belege für seine Nutzung stehen im ägyptischen *Papyrus Ebers* aus dem 15. vorchristlichen Jahrhundert. Weitere Belege für die Verwendung von Korianderfrüchten finden wir bei Ausgrabungen aus dem 8. vorchristlichen Jahrhundert in Israel. Auch in Persien war die Pflanze ein beliebtes Gewürz und wurde bis Indien und China verbreitet. Die Chinesen brachten das Kraut bald mit Unsterblichkeit in Verbindung. Bei den Griechen zählte der Koriander zu den wichtigsten Gewürzen und hatte eine große Bedeutung als Heilmittel. Dioskurides empfiehlt Korianderfrüchte zur Behandlung von Geschwülsten und zur Steigerung der Potenz. Auch die Römer zählten Koriander zu den allerwichtigsten Gewürzen, zahlreiche Kochrezepte aus dem Kochbuch des Apicius zeugen davon. Der große römische Arzt Plinius beschrieb den Koriander als Heilmittel und nutzte die Früchte bei schlecht heilenden Wunden, Verbrennungen, Geschwüren und Ausfluss. Die Römer waren es auch, die das Kraut nach Mitteleuropa brachten. Im Mittelalter galt Koriander eher als Heilmittel denn als Gewürz und wurde sowohl im *Capitulare de villis* erwähnt als auch in den Klostergärten

Koriander ist sehr gut an seinem Aroma und seinen kugeligen Früchten zu erkennen.

angebaut. Er wurde zur Bekämpfung von Läusen und Flöhen genutzt, galt aber auch als Aphrodisiakum und war häufig Bestandteil von Liebestrankrezepturen.

Anbauen und ernten

Als Pflanze des Mittelmeerraums bevorzugt Koriander gut durchlässige, warme Gartenböden und eine sonnige Lage. Die Vermehrung erfolgt im Frühjahr durch Direktaussaat in den schon erwärmten Boden. Bei mildem Klima ist auch die zweijährige Kultur möglich, die Aussaat kann dann bis August erfolgen. So können auch im Spätsommer oder Herbst noch frische Blätter geerntet werden. Mit ein wenig Winterschutz lassen sich die Pflanzen gut überwintern und kommen im Folgejahr schnell zur Fruchtreife. Während des Wachstums der Pflanzen ist Staunässe unbedingt zu vermeiden. Frische Blätter können laufend geerntet werden, die Früchte erst kurz vor der Vollreife im Spätsommer.

Verwenden und genießen

Die reifen, getrockneten Korianderfrüchte enthalten als Wirkstoff in erster Linie ätherisches Öl und werden heute vor allem als Gewürz verwendet. Sie geben ganz oder gemahlen Lebkuchen, Soßen und Gemüse Aroma. Häufig sind die Früchte auch Bestandteil von Gewürzmischungen wie Curry. Getrocknete Korianderblätter sind Bestandteil von zahlreichen asiatischen Gewürzmischungen, und frische Blätter dürfen dort bei der Zubereitung von Fisch nicht fehlen. Auch für die Herstellung von Kräuterlikören ist Koriander ein geschätzter und viel genutzter Rohstoff.
In der Heilkunde wird Koriander als Tee oder auch als Bestandteil von Teemischungen zur Behandlung von Verdauungsstörungen wie Blähungen, Magenverstimmungen und Völlegefühl angewendet. Das durch Wasserdampfdestillation gewonnene Korianderöl wirkt durchblutungsfördernd und findet bei rheumatischen Beschwerden Anwendung.

Cuminum cyminum · Kreuzkümmel

Kreuzkümmel wurde bereits im Alten Testament erwähnt. In Ägypten wurde die Heil- und Würzpflanze gleichermaßen geschätzt und erlangte auch in Europa große Bedeutung. Sie fehlte in keinem Kräuterbuch der Antike und des Mittelalters.

Kreuzkümmel ist ein einjähriges Kraut aus der Familie der Doldenblütengewächse und ist heute als Kulturpflanze im Mittelmeerraum und Asien weitverbreitet. Er wächst zunächst rosettig und hat feine, grüne, fiederteilige Blätter. Von Juni bis August erscheinen auf kleinen, weichen Stängeln, die oft kriechend wachsen und 30 bis 40 Zentimeter hoch werden, weiße oder rosa Blütenstände. Aus den Blüten entwickeln sich längliche Spaltfrüchte.

Aus alten Zeiten

Kreuzkümmel ist eine Wildpflanze Zentralasiens und wurde schon früh in Kultur genommen. Die Araber verbreiteten die Pflanze von Nordafrika nach Indien und auch nach Spanien. Von dort gelangte sie bis nach Mittelamerika. Im alten Ägypten war Kreuzkümmel ein beliebtes Gewürz, aber auch Heilpflanze, zum Beispiel gegen das Dreitagefieber. Bei den antiken Griechen und Römern war die Pflanze ein sehr kostbares Gewürz. Schon Dioskurides schätzte seine abführende und entwässernde Wirkung. Wegen seiner antibakteriellen Wirkung wurde Kreuzkümmel als Pflaster aufgelegt und zur Behandlung von Karies verwendet. Kreuzkümmel fehlte in keinem Kräuterbuch der Antike. Zur Zeit Karls des Großen war er Bestandteil des *Capitulare de villis* und fand Erwähnung im Klosterplan von St. Gallen. Auch Hildegard von Bingen berichtet von der Heilkraft des

Kreuzkümmel ist an den gedrungenen Blütenständen und den feinen Blättchen gut zu erkennen.

Kreuzkümmels. Die Pflanze wurde auf den Gütern Karls des Großen und auch in den Klostergärten des Mittelalters angebaut, was nicht immer erfolgreich war. Kreuzkümmel ist extrem wärmebedürftig und der Versuch misslang, ihn als Kulturpflanze dauerhaft in Mitteleuropa zu etablieren. Aus diesem Grund etablierte sich bei uns die Verwendung des Wiesen-Kümmels, der zwar einen völlig anderen Geschmack hat, aber aufgrund seiner Inhaltsstoffe in der Heilkunde ähnlich wirksam ist.

Anbauen und ernten

Kreuzkümmel ist eine besonders wärmeliebende Pflanze, bevorzugt durchlässige, warme Böden in sonniger und geschützter Lage und benötigt zur Fruchtreife einige warme Monate. In unseren Breiten kommt er bei Freilandaussaat nicht immer zur Blüte und selten zur Fruchtreife. Daher ist es unbedingt sinnvoll, die Pflanzen vorzuziehen und erst nach den letzten Frösten im Mai auszupflanzen. Ist der Sommer warm genug, blüht das Kraut reichlich und kann viele Samen bilden, die im Spätsommer kurz vor der Vollreife abgeerntet werden und nachgetrocknet werden müssen.

Verwenden und genießen

In seinen Anbauländern wird Kreuzkümmel heute nach wie vor als Heil- und Gewürzpflanze, ähnlich wie bei uns der Echte Kümmel, verwendet. Kreuzkümmel wirkt blähungstreibend und verdauungsfördernd. Er ist Bestandteil von asiatischen Gewürzmischungen und Curryrezepturen. Kreuzkümmel ist ein charakteristisches Gewürz für Couscous oder Chili con carne und für Fleischtöpfe oder schwer verdauliches Gemüse, wie Kohl, Bohnen oder Linsen. In orientalischen Ländern wird Kreuzkümmel zum Backen von Fladenbrot verwendet. In der Heilkunde nutzt man das fette Öl der Samen bis heute als beruhigendes Mittel bei Magen- und Darmbeschwerden. Es wirkt auch stimulierend auf die Geschlechtsorgane und ist in einigen Ländern als Abtreibungsmittel bekannt. Wegen seines intensiven eigenen Aromas ist das ätherische Öl ein beliebter Rohstoff für die Likörindustrie.

Kreuzkümmelsamen – typisches Gewürz der arabischen und indischen Küche.

Dryopteris filix-mas · Gewöhnlicher Wurmfarn

Der Gewöhnliche Wurmfarn lieferte viel Stoff für Mythen und Sagen. Das Wort Farn gab es schon im Althochdeutschen – es bedeutet so viel wie Flügel. Wen wundert's, wenn man die langen Farnwedel und ihre Anordnung an der Pflanze genau betrachtet.

Der Gewöhnliche Wurmfarn ist unter zahlreichen Volksnamen bekannt: Irrwurz, Johanniskraut, Bandwurmwurzel und viele mehr. Die mehrjährige Pflanze stammt aus der Familie der Schildfarngewächse und ist in den Wäldern und im Gebüsch Europas, Nordamerikas und Nordasiens zu Hause. Aus dem kräftigen Wurzelstock wachsen in jedem Frühjahr dunkelgrüne, doppelt gefiederte Wedel, die bis zu 100 Zentimeter lang werden können und im Juni auf der Unterseite Sporen tragen. Wegen ihrer Form werden die jungen, sich gerade ausrollenden Blätter auch Bischofsstäbe genannt.

Wurmfarn – imposante Pflanze für schattige Gartenbereiche.

Aus alten Zeiten

Farne gehören als Sporenpflanzen zu den ältesten Lebewesen auf der Erde. Heute wird davon ausgegangen, dass Farne, genau wie Flechten und Moose, bereits vor 400 Millionen Jahren auf der Erde verbreitet waren. Wurmfarn wächst am liebsten in schattigen und feuchten Waldgegenden. Kein Wunder, dass dem Kraut eine magische Ausstrahlung nachgesagt wird und sich geheimnisvolle Geschichten um die Pflanze ranken. So hieß es, dass das Farnkraut nur um Mitternacht blühe und dass die Blüte verschwinde, wenn jemand dazukomme. Andere Geschichten erzählen, dass Farn nur in der Johannisnacht blühe und nur in dieser Nacht seinen begehrten Samen abwerfe. In der Tat war Farnsamen stark begehrt, er galt als Zaubermittel, um Glück für seine Unternehmungen zu erlangen, sollte vor Hexerei und Zauberei schützen oder wurde eingesetzt, um Blitz und Unwetter abzuleiten. Trug der Mensch Farnsamen im Schuh, so sagt die Sage, verfügte er über magische Kräfte. Er konnte sich unsichtbar machen oder auch

die Sprache der Tiere verstehen. Um diesen Samen zu bekommen, müsse man sich auf einen Kreuzweg im Walde begeben, sieben Kreuze aus Holunderzweigen um den Farn stecken und seine Kleider unter die Pflanze legen. Jetzt müsse man wachend auf die Mitternacht warten, das Farnkraut ließe dann seinen Samen fallen. Der glückliche Besitzer der Samen brauchte sich nie wieder zu fürchten und würde alle verborgenen Schätze finden. In manchen Gegenden galt das Farnkraut auch als Irrwurz. Wer zu nächtlicher Stunde über solch eine Pflanze schritt, verlor die Orientierung und fand seinen Weg nicht wieder.
Allerdings wurde der Wurmfarn früher auch als Heilpflanze verwendet. Extrakte der Wurzeln waren Mittel zum Vertreiben von Bandwürmern. Sie waren nur in hohen Gaben wirksam, ihre Anwendung daher immer sehr riskant.

Die sich langsam ausrollenden Blätter wirken fast geheimnisvoll.

Anbauen und ernten

Wurmfarn bevorzugt einen halbschattigen bis schattigen Standort und frische, saure Böden mit normalem bis hohem Nährstoffgehalt. Damit ist die Pflanze ideal für den Schattengarten oder zur Bepflanzung von Gehölzsäumen geeignet. Alle Farne sind Sporenpflanzen, das heißt Pflanzen, die sich im Gegensatz zu Blütenpflanzen nicht durch Samen, sondern durch Sporen und einen Generationswechsel vermehren. Die Farnpflanze entspricht der ungeschlechtlichen Generation, und aus den Sporen entsteht der Vorkeim, der wiederum männliche und weibliche Organe beherbergt und der geschlechtlichen Generation der Pflanze entspricht. Neue Farnpflanzen entstehen demnach aus befruchteten Eizellen des Vorkeimes. Diese Vermehrungsmethode ist sehr langwierig und für den Laien nicht zu empfehlen. Farnpflanzen werden daher in aller Regel durch Teilung des Wurzelstockes vermehrt. Sie bleiben über viele Jahre am Standort und sollten so wenig wie möglich verpflanzt werden.

Verwenden und genießen

Während früher Extrakte aus den Farnwurzeln gewonnen und als Mittel zum Vertreiben von Bandwürmern verwendet wurden, ist aufgrund der Giftigkeit der Pflanze heute von deren Verwendung für den Menschen abzuraten. Lediglich die Tiermedizin verwendet den Extrakt noch heute als sicher wirkendes Bandwurmmittel.

Foeniculum vulgare ssp. *vulgare* · Fenchel

Fenchel wurde wegen seiner angeblich augenstärkenden Kraft stets als Symbol für geistige Klarsicht verstanden. Plinius beobachtete, dass Schlangen nach der Häutung Fenchel fraßen, daher galt er auch als Sinnbild von Erneuerung und Verjüngung.

Fenchel ist eine zwei- bis mehrjährige Pflanze aus der Familie der Doldenblütengewächse und stammt ursprünglich aus dem Mittelmeerraum. Die Pflanze wächst rosettig, hat dicke, fleischige Pfahlwurzeln und sehr fein gefiederte grüne Blätter. Ab dem zweiten Jahr treiben aus der Blattrosette 80 bis 200 Zentimeter hohe, straff aufrecht wachsende Blütentriebe mit den gelben, in Doppeldolden stehenden Blüten. Die Blütezeit dauert von Juli bis September, die Fruchtreife folgt nach und nach.

Aus alten Zeiten

Die ältesten Nachweise von der Verwendung des Fenchels stammen aus dem 3. vorchristlichen Jahrtausend und wurden in Syrien gefunden. Auch in den Hochkulturen Ägyptens, Chinas und Arabiens war Fenchel eine sehr geschätzte Heil- und Gewürzpflanze, und bei den alten Griechen und Römern hatte der Fenchelanbau eine große Bedeutung. Der griechische Arzt Dioskurides empfahl Fenchel zur Förderung der Muttermilch, bei Menstruationsbeschwerden sowie bei Blasen- und Nierenleiden. Den Griechen galt Fenchel als Symbol für den Erfolg und in ihren Mysterienspielen wurden Fenchelkränze getragen. Auch die Römer kannten die Heilwirkung des Fenchels und verwendeten ihn als Gewürz zu fast allen Speisen.

Bei uns wurde Fenchel erstmals im frühen Mittelalter in den Klostergärten angebaut. Walahfrid Strabo hielt große Stücke auf seine Heilwirkung und auch Hildegard von Bingen schätzte die Pflanze sehr: *„Wie auch immer Fenchel gegessen wird, macht er den Menschen fröhlich und vermittelt ihm gute Durchblutung, guten Körpergeruch und gute Verdauung, denn wer Fenchel oder seinen Samen täglich nüchtern isst, vermindert den üblen Schleim oder die Fäulnis in ihm, und er unterdrückt den üblen Geruch seines Atems."*

Fenchel hat aromatische, besonders feine Blätter und Blüten.

Fenchel braucht genügend Platz im Garten.

Anbauen und ernten

Die Fenchelkultur erfolgt bei uns meist zweijährig. An besonders geeigneten Standorten und bei ausreichendem Winterschutz kann Fenchel auch über mehrere Jahre am Standort verweilen. Zum gesunden Wachstum benötigt Fenchel durchlässige, nahrhafte und etwas kalkhaltige Böden in sonniger, möglichst warmer Lage. Die Aussaat erfolgt nach den letzten Frösten im Frühjahr am besten in etwas größeren Abständen in Reihen. Die einzelnen Stauden benötigen viel Platz, daher muss Fenchel bald nach dem Auflaufen der Saat vereinzelt werden. Im ersten Jahr wachsen lediglich Blattrosetten, aus denen im Sommer des zweiten Jahres kräftige Blütenstände treiben. Fenchel treibt immer wieder Blüten nach, so ist auch die Fruchtreife über mehrere Wochen verteilt. Am besten ist es, mehrmals wöchentlich die fast reifen Fruchtstände herauszuschneiden und nachzutrocknen.

Verwenden und genießen

Fenchelfrüchte haben eine schleimlösende, auswurffördernde, krampflösende, blähungstreibende und antibakterielle Wirkung.
Sie sind in Husten-, Abführ- sowie Magen-Darm-Tees enthalten. Für eine Tasse wird ein Teelöffel Fenchelsamen im Mörser zerdrückt und mit kochendem Wasser übergossen. Der Tee muss abgedeckt zehn Minuten ziehen und wird dann abgesiebt.
Extrakt und ätherisches Öl sind Bestandteil von Fertigpräparaten gegen leichte Magen-Darm-Störungen, Entzündungen der oberen Luftwege und von Abführmitteln. Säuglingen und Kleinkindern wird bei leichten Verdauungsstörungen Fenchelhonig gegeben. Die Volksheilkunde schätzt Fencheltee auch als milchbildendes Getränk für stillende Frauen.
In der Küche werden frische Blätter zum Würzen von Salaten, Fisch und Saucen verwendet. Fenchel ist ein beliebtes Gewürz von Backwaren und Likören.

Fenchelbrot

- *30 g Hefe*
- *½ l Wasser*
- *550 g Dinkelvollkornmehl*
- *300 g Dinkelfeinmehl*
- *100 g Butter*
- *15 g Salz*
- *25 g Fenchelsamen*

Die Hefe wird zerbröckelt, in das lauwarme Wasser gegeben und verrührt. Anschließend muss der Hefeansatz zehn Minuten ruhen. Jetzt wird das Mehl untergemischt, mit dem Hefeansatz verrührt und geknetet. Zum Schluss kommen Salz und Fenchelsamen hinzu. Der Teig muss mindestens eine Stunde gehen und dann etwa 30 Minuten bei 200 °C ausgebacken werden.

Glycyrrhiza glabra · Süßholz

Die großen Ärzte der Antike berichten übereinstimmend von der Wirkung des Wurzelsaftes als Hustenmittel. Der Name Glycyr-rhiza stammt aus dem Griechischen und bedeutet so viel wie süß und Wurzel. Das lateinische glabra heißt klebrig.

Süßholz, auch unter dem Namen Lakritzwurzel bekannt, ist eine mehrjährige Pflanze aus der Familie der Hülsenfruchtgewächse. Ihre Heimat ist Südosteuropa und Südwestasien, wo sie auf grasigen Flächen und im lichten Gebüsch vorkommt. Die Pflanze hat einen kräftigen Wurzelstock mit fingerdicken, süß schmeckenden Wurzeln und aufrechte, ästige Zweige, die im unteren Bereich verholzen. Die gefiederten Blätter haben eiförmige, spitze, grüne Blättchen, die unterseits klebrig sind. Die schmetterlingsförmigen, rosaviolett bis bläulichen Einzelblüten erscheinen von Juni bis August und stehen in den Blattachseln in aufrechten Trauben.

Die Fruchtstände des Süßholzes sind leicht an ihren roten, borstigen Haaren zu erkennen.

Aus alten Zeiten

Süßholz ist eine der am längsten bekannten Arzneipflanzen und wurde in Ägypten schon vor Jahrtausenden zur Behandlung von Entzündungen der Atemwege verwendet. In Südeuropa wurde das Süßholz schon in der Antike geschätzt, und große Ärzte wie Hippokrates, Dioskurides oder Plinius kannten den Wurzelsaft als Hustenmittel sowie bei Entzündungen des Mund- und Rachenraumes. Dioskurides berichtet darüber hinaus von wundheilenden Salben aus dem Wurzelsaft. Die Verwendung von Süßholz hat auch in der asiatischen Heilkunde eine lange Tradition. In Indien galt das Süßholz als eine Pflanze des Liebeszaubers und wurde auch als Heilmittel verwendet.
In Mitteleuropa fand die Pflanze zunächst wenig Beachtung, in den Pflanzenlisten des frühen Mittelalters wurde sie nicht aufgeführt. Erste Zeugnisse der Süßholzkultur und der Verwendung des Lakritzsaftes finden wir in den Kräuterbüchern des 13. und 14. Jahrhunderts. Dort wird die Abkochung

des Saftes zur Verwendung bei Husten, Heiserkeit und Atembeschwerden empfohlen. Spätere Werke, zum Beispiel von Bock und Matthiolus, beschreiben den Saft auch als Mittel gegen Blasen- und Nierenleiden, bei Leber- und Magenerkrankungen sowie bei Seitenstechen. In der Mitte des 19. Jahrhunderts wurden erstmals Süßigkeiten aus dem eingedickten Wurzelsaft bereitet und es entstanden verschiedene Lakritzrezepturen.

Die schönen Schmetterlingsblüten stehen in aufrechten Blütenständen.

Anbauen und ernten

Süßholz bevorzugt lockere, tiefgründige, sandige Böden an einem möglichst sonnigen und warmen Standort. Die Vermehrung der Pflanze kann durch Aussaat im Frühjahr oder Wurzelteilung im Herbst erfolgen. Aufgrund des langsamen Wachstums ist es sinnvoll, die Jungpflanzen im Topf vorzuziehen. Einmal erfolgreich vermehrt, bleibt Süßholz über mehrere Jahre am Standort stehen und wird nur gelegentlich zurückgeschnitten. Die Pflanzen benötigen viel Wärme und einen ausreichenden Winterschutz. Ab dem dritten Standjahr können im Herbst die Wurzeln geerntet werden. Das Süßholz ist erntereif, wenn sich die Rinde nicht mehr allzu leicht abschälen lässt.

Lakritze

Die Wurzeln werden gewaschen, geraspelt und gekocht, der Saft durch Zugabe von pflanzlichem Kohlenstoff schwarz eingefärbt und entweder in die gewünschte Form gegossen oder nach dem Erstarren geschnitten. Die so entstandene Lakritze ist sehr hart und kann zur Behandlung von Beschwerden von Magen, Bronchien oder Lunge gelutscht werden.

Verwendung

Die Süßholzwurzel hat hustenreizmindernde, entzündungshemmende und schleimlösende Wirkung und wird heute als Tee oder in Teemischungen zur Behandlung von Husten, aber auch Entzündungen im Mund- und Rachenraum verwendet. Außerdem ist der Extrakt in Präparaten zur Behandlung von Durchfall und Magengeschwüren enthalten. Der eingedickte Saft (Lakritz) ist Bestandteil vieler Rezepturen und als Genussmittel weitverbreitet. Die im Handel üblichen Lakritzen sind meist stark gezuckert oder auch gesalzen.

Hyssopus officinalis · Ysop

Der Name geht auf das hebräische Wort ezob zurück, das heilige, entsühnende Kraut. In jüdischen und auch christlichen Riten wurden Ysopzweige als Wedel zum Sprengen von Weihwasser verwendet. Ysop ist bis heute ein Symbol für Reinigung und Bußfertigkeit.

Ysop, aus der Familie der Lippenblütengewächse, wächst als kleiner, dichtbuschiger, bis 60 Zentimeter hoher mediterraner Halbstrauch. Seine Blätter sind wintergrün, lanzettlich und unterseits punktiert. Die Öldrüsen sorgen für den charakteristischen Duft des Krautes. Die blauen, weißen oder violettfarbenen Blüten stehen in einseitswendigen Ähren und erscheinen von Juli bis September. Die Pflanze duftet herrlich und ist ein Magnet für Bienen und Schmetterlinge.

Ysop blüht besonders reich und besticht im Sommer mit seinen herrlich blauen Blütenständen.

Aus alten Zeiten

Ysop wird bereits im alten Testament als Kultpflanze erwähnt. Er diente der Entsündigung und wird gelegentlich noch heute in der katholischen Kirche dem Weihwasser untergemischt. Der Legende nach soll Jesus Christus vor der Kreuzigung ein Schwamm mit Essig auf einem Ysopstängel gereicht worden sein. Ysop stand demnach als Symbol für Reinigung, Demut und Läuterung. Kein Wunder, dass das Kraut bei den Griechen und Römern auch einen hohen Stellenwert als Heilpflanze einnahm. Es wurde zum Würzen von Weinen verwendet und galt als wirksames Heilmittel gegen Husten, Entzündungen und Magenbeschwerden.
Bei uns wurde Ysop erstmals in den Klostergärten des Mittelalters angebaut. Hildegard von Bingen empfahl das Kraut für die Küche, wo es für alle Speisen nützlich sein sollte. Im 16. Jahrhundert wurden verschiedene Ysopzubereitungen wie Wasser, Wein, Sirup oder Öl zur Behandlung zahlreicher Krankheiten verwendet. So kennt die Volksheilkunde Ysop als wirksames Mittel bei trockenem Husten oder bei Magen- und Darmstörungen, und das Kraut wurde ein beliebtes Gewürz für schwer verdauliche Speisen. Heute ist Ysop eher als Gewürz-, Zier- und als Bienenfutterpflanze bekannt und wird in verschiedenen Kulturformen angeboten.

Anbauen und ernten

Ysop bevorzugt nahrhafte, kalkhaltige, gut durchlässige, trockene Böden in sonniger und warmer Lage. Die Pflanze wird am besten im zeitigen Frühjahr durch Aussaat mit Vorkultur vermehrt und ab Mai in den Garten gepflanzt. Möglich ist auch die Vermehrung durch Stecklinge oder Absenker im Sommer und die Teilung von älteren Pflanzen im Frühjahr.
Ysop kann über mehrere Jahre am Standort verweilen und wird ab dem zweiten Jahr geerntet. Blätter und junge Triebe können laufend gepflückt und frisch verwendet werden. Zum Anlegen von Wintervorräten wird im Sommer das blühende Kraut geschnitten, gebündelt und getrocknet. Da die Pflanze ein wenig frostempfindlich ist, ist ein Rück- oder Formschnitt nur im Frühjahr sinnvoll.

Die blauen Lippenblüten sind ein ausgesprochener Magnet für Bienen und Schmetterlinge.

Hustentropfen

- *1 Teil Ysop*
- *1 Teil Thymian*
- *1 Teil Salbei*
- *Schnaps (Doppelkorn oder Wodka)*

Getrocknete Ysop-, Thymian- und Salbeiblätter werden in ein Glas gefüllt und mit klarem Schnaps übergossen. Das Glas wird verschlossen und an einen warmen, hellen Platz gestellt. Nach zehn Tagen wird die so entstandene Tinktur abgefiltert, in eine saubere Flasche gefüllt und kühl und dunkel gelagert.
Zehn bis 30 Tropfen können bei Husten, Halsschmerzen oder Verdauungsstörungen eingenommen werden und helfen auch, äußerlich angewendet, bei Hautentzündungen und bei Insektenstichen.

Verwenden und genießen

Das Kraut enthält in erster Linie ätherisches Öl, Bitterstoffe und Flavonoide. Die Volksheilkunde verwendet den Tee noch gelegentlich bei Erkältungskrankheiten, Verdauungsbeschwerden und auch bei Entzündungen im Mund- und Rachenraum. Breiumschläge aus frisch gequetschten Blättern haben sich zur Linderung von rheumatischen Beschwerden als wirksam erwiesen.
Wegen seines starken Aromas wird das Kraut gern in der Küche verwendet und ist, sparsam eingesetzt, ein hervorragendes Gewürz für Fleisch- oder Fischgerichte und auch für Eintöpfe. Das ätherische Öl ist häufig Bestandteil von Kräuterlikörrezepturen und die schönen Blüten eignen sich prima zum Garnieren von Buffets oder Speisen.

Inula helenium · Echter Alant

Alant ist eine typische Sonnenpflanze und gilt als eine der ältesten Heilpflanzen der Welt. Griechischen Sagen zufolge ist Alant aus den Tränen der schönen Helena von Troja entstanden, als diese Canopus, den Steuermann ihres Schiffes, betrauerte.

Das bis zu 250 Zentimeter hohe Korbblütengewächs aus Zentralasien wird schon lange in den Kräutergärten Europas gezogen. Die Staude wächst aufrecht und buschig, ihre Stängel und Blätter sind behaart. Die grünen, breit lanzettlichen Blätter werden an der Basis bis zu 70 Zentimeter lang. Von Juli bis August erscheinen die sonnengelben, duftenden Korbblüten in wunderschönen Doldentrauben.

Aus alten Zeiten

Nicht zuletzt wegen der bedeutenden Stellung der Pflanze in der griechischen Mythologie wird Alant seit ewigen Zeiten als Zauberpflanze betrachtet. Seine goldgelben Blütenköpfe erinnerten an das strahlende Haupt des Sonnengottes Helios (oder Odin). Man sagt, Alant sei der Wohnsitz für Elfen und Engel. So ist es kein Wunder, dass Alant häufig als Schutzpflanze gegen Dämonen gepflanzt wurde und als Symbol für Reinigung stand. Die Reinigung wurde als Ausgangspunkt für Kraft und Belebung aus der eigenen Tiefe und Erlösung gesehen.

Spätestens seit der Zeit Hildegards von Bingen ist Alant bei uns aber auch als Heilpflanze bekannt. Sie empfahl die Wurzel gegen Husten und Bronchitis und den Alantwein bei Magen- und Darmbeschwerden. Schon bald wurde der Wein als Wundermittel angesehen und sowohl gegen Pest als auch bei Vergiftungen eingesetzt. In der Volksheilkunde wurden Alantwurzeln mit Zucker überzogen und den Kindern als Hustenmittel gegeben.

Alantwein

30 g Alantwurzeln werden gewaschen, in Scheiben geschnitten und mit 30 ml 80-%igem Alkohol übergossen. Der Ansatz wird zugedeckt und muss einen Tag an einem warmen Ort ziehen. Anschließend wird ein Liter Weißwein dazugegossen und die Mischung weitere drei bis vier Tage ziehen gelassen. Anschließend wird der Wein durch ein Leinentuch gefiltert. Alantwein wirkt appetitanregend und gilt als allgemein stärkend.

Anbauen und ernten

Alant ist eine riesige Staude und liebt tiefgründige, nahrhafte und frische Böden in sonniger bis halbschattiger Lage. Er wird durch Aussaat im Frühjahr oder durch Teilung des Wurzelstockes im Herbst vermehrt. Für die Vermehrung durch Aussaat macht es Sinn, die Pflänzchen im Topf vorzuziehen. Bei einer Neupflanzung ist die stattli-

Die leuchtend gelben Blüten erscheinen wie der Sommer pur und duften herrlich.

che Größe dieser Pflanze zu beachten und der Boden sollte vorher mit ausreichend Nährstoffen angereichert werden. Ab dem zweiten Standjahr können im Sommer Blätter und Blüten gesammelt werden, die fleischigen Wurzeln im Herbst. Die Wurzeln werden am besten von älteren Pflanzen abgestochen, die aufgrund ihrer Größe etwas reduziert werden müssen.

Verwendung

Alant wird in erster Linie in der Volksheilkunde verwendet. Behandlungsschwerpunkte liegen bei Husten, Infektionen der Harnwege, Hauterkrankungen, Wurmbefall und Menstruationsbeschwerden. Tee oder Teemischungen mit Alantwurzeln oder -blättern wirken schleimlösend und helfen bei Bronchitis, Reiz- oder Keuchhusten. Für eine Tasse Tee wird ein gehäufter Teelöffel getrockneter Wurzeln mit einem Viertelliter kochendem Wasser übergossen und fünf Minuten ziehen gelassen. Den in der Wurzel enthaltenen Bitterstoffen wird auch eine gewisse Wirkung gegen Würmer nachgesagt. Der Tee ist ein gutes Gurgelmittel bei Halsentzündungen und kann als Umschlag auf schlecht heilende Wunden aufgelegt werden. Auch junge, zerquetschte Blätter sind eine gute Wundauflage.
In der Küche können junge Wurzeln als Gemüse gedünstet werden und frische Blätter und Blüten sind eine wunderbare Dekoration für Speisen und Buffets. Allerdings sollte man es mit dem Genuss von Alant nicht übertreiben, sein ätherisches Öl hat allergieauslösende Eigenschaften, die sich z. B. in Form von Schleimhautreizungen im Verdauungstrakt äußern können.

Alant ist eine riesige Prachtstaude und benötigt entsprechend viel Platz im Garten.

Iris germanica · Deutsche Schwertlilie

Die auch als Veilchenwurzel bekannte Schwertlilie ist wegen ihrer wunderschönen Blüten und ihres stattlichen Wuchses eine ungemein attraktive Pflanze und darf in keinem Arznei- oder Bauerngarten fehlen. Die Heilkraft des Wurzelstockes ist legendär.

Die Deutsche Schwertlilie ist im Mittelmeerraum und Vorderasien zu Hause und spätestens seit den Kreuzzügen auch in Mitteleuropa verbreitet. Die mehrjährige Pflanze hat einen kurzen, rundlichen Wurzelstock, der sich oberirdisch sichtbar, langsam verbreitet. Die harten, grünen Blätter sind schwertförmig, lang zugespitzt und die Blütenstände wachsen aufrecht und werden 70 bis 90 Zentimeter hoch. Die Blütenstände erscheinen von Mai bis Juni und haben blauviolette, lippige Einzelblüten.

Aus alten Zeiten

Nach einem Sieg über Syrien wurde die Iris in Ägypten eingeführt und galt fortan als Symbol für Sieg und Königswürde. Priester und Ärzte entdeckten bald ihre Nützlichkeit für die Heilkunst und die Magie. In Griechenland galt die Schwertlilie als Pflanze der griechischen Götterbotin Iris und als Personifizierung des Regenbogens. Ihre Aufgabe war es, die Seelen der Sterbenden in das Land des ewigen Friedens zu begleiten. Im Orient werden noch heute Gräber mit Schwertlilien geschmückt.

Der große griechische Arzt Dioskurides pries die Schwertlilie als Allheilmittel und beschrieb die Pflanze in seinem Kräuterbuch an erster Stelle. Sie wurde zur Empfängnisverhütung und wohl auch zur Abtreibung verwendet. Bei Verhärtungen von Drüsen wurde sie als Pflaster aufgelegt und half in Form von Salbe bei Kopfschmerzen. Auch Plinius erwähnte die Schwertlilie und die Römer würzten ihren Wein mit der „Veilchenwurzel". Den Kindern gaben sie die Wurzelstücke als Beißwurzel beim Zahnen. Das Kräuterbuch des Dioskurides galt als das nach der Bibel meistgelesene Buch des Mittelalters und diente als Vorlage des *Capitulare de villis.* So war es kein Wunder, dass die Schwertlilie in den Klostergärten des Mittelalters weitverbreitet war. Der Benediktinerabt Walahfrid Strabo besang die Pflanze in seinem *Hortulus,* und die Schwertlilie wurde eine bedeutende Pflanze der Hildegardmedizin. Hildegard von Bingen empfiehlt einen Saft aus Irisblättern zur Schönheitspflege

Deiner Wurzel getrocknete Stückchen lösen zerrieben wir in flüssigem Wein, und der Blase grausame Schmerzen dämpfen nicht minder wir trefflich mit diesem künstlichen Heiltrank. Du gibst dem Walker das Mittel, mit dem er das Leinengewebe glänzend und steif appretiert wie von Blumen verleihet.

WALAHFRID STRABO:
LIBERA DE CULTURA HORTORUM

Die Deutsche Schwertlilie zeigt im späten Frühjahr sehr markante, tiefblaue Blütenstände.

und nutzte die Wurzeln zur Herstellung von wassertreibendem Wein. Die Iriswurzel wurde zu einem wichtigen Rohstoff in der Volksheilkunde und noch bis zum Ende des 19. Jahrhunderts in großen Mengen gehandelt.

Anbauen und ernten

Schwertlilien bevorzugen durchlässige Gartenböden mit niedrigem Nährstoffgehalt an sonnigen bis absonnigen Standorten. Die Pflanzen werden durch Teilung des Wurzelstockes im Herbst vermehrt, wachsen relativ langsam und können über mehrere Jahre am Standort verweilen. Schwertlilien stehen am besten im Staudengarten.

Der kriechende, teilweise oberirdische Wurzelstock sorgt für die Verbreitung der Pflanze.

Ab dem dritten Jahr können die Rhizome (Wurzelstöcke) geerntet, geschält und frisch oder getrocknet verwendet werden.

Verwenden und genießen

Iriswurzeln enthalten ätherische Öle und Gerbstoffe und wirken leicht auswurffördernd. Sie sind gelegentlich Bestandteil von Hustenteemischungen. Homöopathische Zubereitungen werden bei Migräne, Magenbeschwerden und Erkrankungen der Bauchspeicheldrüse angewendet. Die ätherischen Öle werden in der Parfümindustrie verarbeitet, Iris-Milch ist Bestandteil von Hautpflegemitteln. Gelegentlich wird die aromatische Wurzel zur Herstellung von Likören und Bitterschnäpsen verwendet.

Lavandula angustifolia · Echter Lavendel

Lavandula leitet sich vom lateinischen lavare ab – waschen. Kein Wunder, denn der würzig duftende Strauch wird schon sehr lange zum Waschen und als Heilmittel verwendet. Im Mittelalter galt er als Symbol für die Unberührtheit der Jungfrau Maria.

Lavendel wird in seiner Heimat, dem westlichen Mittelmeerraum, noch immer auf großen Feldern angebaut. Der Halbstrauch aus der Familie der Lippenblütengewächse erreicht eine Höhe von 30 bis 60 Zentimetern, sein Wuchs ist buschig, verzweigt und im unteren Bereich verholzend. Die silbriggrauen, nadelförmigen Blätter duften stark. Von Juni bis August erscheinen die blauen oder lilafarbenen Blüten in zu Quirlen angeordneten Ähren.

Der Duft der blauen Lavendelblüten ist einzigartig und erinnert an die Provence.

Aus alten Zeiten

Lavendel ist eine uralte Duft- und Heilpflanze. Bereits in der Bibel ist die Rede vom Speik (*Lavandula spicata*) als duftendes Salbenöl. Auch Dioskurides beschreibt die Herstellung von Lavendel-Wein oder -essig als Mittel gegen Blähungen und zum Lösen von Schleim, und zwar aus Schopf-Lavendel (*Lavandula stoechas*). Die Römer nutzten den Lavendel, um ihr Badewasser zu parfümieren.

Die Entdeckung des Echten Lavendels als Heilpflanze dürfte das Verdienst der Klosterheilkunde sein. In den Klöstern wurde die Pflanze gegen Blähungen und Magenschmerzen eingesetzt und Hildegard von Bingen beschrieb die Verwendung gegen Läuse. Auch im Volksglauben ist der Lavendel tief verwurzelt. Der Duft von Lavendelsträußen half, das Böse fernzuhalten und konnte gute Hexen vor der Verfolgung durch den Teufel retten. Lavendel parfümiert und reinigt und galt als wirksames Mittel gegen die Pest. Ohnmächtig gewordene Damen rief der Duft von Lavendel zurück ins Leben. Widerborstige Männer sollten gefügig gemacht werden, indem man die Wäsche mit Lavendel parfümierte.

Die große Zeit des Lavendels begann im 18. Jahrhundert im französischen Grasse. Dort wurde damit begonnen, Leder zu parfümieren und die Nachfrage nach Lavendel stieg steil an. Es wurden große Feldkulturen angelegt.

Anbauen und ernten

Zum gesunden Wachstum bevorzugt Lavendel gut durchlässige, kalkhaltige, trockene Böden an geschützten Standorten in vollsonniger Lage. Alle Lavendelarten werden in der Regel durch Aussaat vermehrt, seltener durch Absenker oder Stecklinge. Im Garten kann Lavendel einzeln, in Reihen als Hecke oder auch in Kübel gepflanzt werden. In rauen Lagen ist ein leichter Winterschutz hilfreich. Der Rück- oder Formschnitt der Pflanzen erfolgt am besten im Frühjahr.
Ab dem zweiten Standjahr können junge Blätter geerntet und die Blütenstiele nach ihrem vollständigen Aufblühen geschnitten, gebündelt und getrocknet werden.

Verwendung

Lavendel wirkt beruhigend, ausgleichend und entspannend. So werden Lavendelblüten auch heute als Teemischungen bei Unruhe und Einschlafstörungen verwendet und sollen bei Kopfschmerzen, Zahnschmerzen und Hautausschlägen wirken. Auch Entspannungsbäder mit Lavendel sind nach wie vor populär. Der Duft der Lavendelblüten vertreibt Insekten, und Lavendel wird häufig zusammen mit Melisse und Hopfen in Schlaf- oder Duftkissen gefüllt. Nach wie vor verarbeitet die Kosmetikindustrie Lavendelöl in großen Mengen zu Cremes, Seifen, Waschmittel und Parfüms.
In der Küche können junge Blätter in geringen Mengen Fleisch- oder Fischgerichte, Eintopf und Gemüse würzen. Die Blüten sind geeignet als Garnierung von Süßspeisen oder zur Herstellung von Lavendelzucker.

Lavendel ist ein typischer Halbstrauch – er kann im unteren Bereich stark verholzen.

Lavendelzucker

1 EL Lavendelblüten werden frisch oder getrocknet in einem Mörser zerrieben und unter 100 g Zucker gemischt. Der Zucker wird anschließend in ein Glas gefüllt und gut verschlossen. Lavendelzucker eignet sich prima zum Süßen von Tees und Desserts, sollte aber wegen seines intensiven Aromas nur sparsam verwendet werden.

Levisticum officinale · Liebstöckel

Wie schon die Namen Maggikraut, Badekraut oder auch Luststock vermuten lassen, wurde der Liebstöckel vielfach als Gewürz, aber auch als Pflanze für Liebeszauber verwendet. Die imposante, würzig duftende Staude darf in keinem Kräutergarten fehlen.

Liebstöckel ist eine riesige Staude aus der Familie der Doldenblütengewächse. Er stammt aus Vorderasien und es ist anzunehmen, dass das Kraut schon in der Antike im Mittelmeerraum verbreitet war. Bei uns kennt man die Pflanze seit dem Mittelalter und baut sie in Kräuter- und Bauerngärten an. Aus dem fleischigen Wurzelstock treiben zunächst Blätter und später aufrechte bis 200 Zentimeter hohe Blütenstände. Die aromatisch duftenden, dunkelgrünen Blätter haben gesägte Ränder. Blassgelbe Blüten stehen in Dolden und erscheinen von Juli bis August.

Aus alten Zeiten

Ob der Liebstöckel bereits in der Antike genutzt wurde, ist fraglich – es gibt keine eindeutigen Belege für die Verwendung der Pflanze. Bei uns gilt Liebstöckel als klassische Pflanze der Klostergärten und wurde erstmals im *Capitulare de villis*, der Landgüterverordnung Karls des Großen aus dem 8. Jahrhundert, erwähnt. Hildegard von Bingen verordnete Liebstöckel bei Husten, Mandelentzündungen, Menstruationsbeschwerden und Wassersucht und empfahl, Liebstöckelblätter und -wurzeln gleich unter die Speisen zu mischen. Die Volksheilkunde kennt noch mehr Anwendungsgebiete. So soll die Wurzel beruhigend, schweißtreibend und krampflösend wirken und ist der Verdauung förderlich. Der Volksglaube kennt Liebstöckel als eine Zauberpflanze gegen Unwetter, Dämonen und für den Liebeszauber. Liebstöckelwurzeln ausgegraben und bei sich getragen sollten gegen Schlangenbisse schützen und Hexen sichtbar machen. Jungen

Liebstöckel blüht an verzweigten Blütenständen in großen, blassgelben Dolden.

Männern wurde Liebstöckelwurzel ins Badewasser gegeben, um ihnen ein wärmendes, wohliges Gefühl zu vermitteln und sie so für die Liebe zu sensibilisieren. In Böhmen wurde jungen Mädchen Liebstöckel in das Badewasser gegeben, damit sie später anziehend auf Männer wirkten. Liebestränke aus der frischen Wurzel galten als besonders anregend.

Anbauen und ernten

Liebstöckel bevorzugt einen halbschattigen bis sonnigen Standort und frische, durchlässige Böden mit hohem Nährstoffgehalt. Die Vermehrung erfolgt durch Aussaat im Frühjahr oder durch Wurzelteilung im Herbst.
Doch Vorsicht: Einmal in den Garten gebracht, wächst die Staude sehr üppig und beansprucht dementsprechend viel Platz. Für die Verwendung im Haushalt reicht es meist aus, eine Pflanze im Garten zu haben. Liebstöckel muss regelmäßig gegossen und gedüngt werden und wird im Herbst vollständig zurückgeschnitten. Geerntet werden Blätter ab dem Frühjahr, Wurzeln und Samen im Herbst.

Liebstöckel, kräftiges Kraut, dich zu nennen
im duftenden Dickicht heißt mich die Liebe,
mit der ich im Gärtchen alles umfasse.
Zwar durch Saft und Geruch, so glaubt man,
soll diese Pflanze Schaden den Zwillingssternen der Augen und Blindheit bewirken.
Aber die kleinen Samen der Pflanze pflegen
doch manchmal als Beisatz andrer Arznei
durch fremdes Verdienst sich Lob zu erwerben.

WALAHFRID STRABO: HORTULUS

Im Frühjahr setzt ein üppiges Blattwachstum ein und bringt für die Küche reiche Ernte.

Verwenden und genießen

Liebstöckel ist heute in erster Linie als Gewürz in Gebrauch. Junge Blätter werden frisch oder getrocknet zum Würzen von Suppen, Eintöpfen und Salaten verwendet. Junge Triebe können blanchiert und als Gemüse gegessen werden. Die Volksheilkunde verwendet den Wurzeltee bis heute zur Durchspülung bei entzündlichen Erkrankungen der Harnwege, Verdauungsbeschwerden, Menstruationsstörungen und als schleimlösendes Mittel bei Husten. Das Öl aus Blättern und Wurzeln ist Rohstoff für die Likörindustrie und Bestandteil von Kräuterschnäpsen. Vorsicht: Das Kraut hat schwach fototoxische Eigenschaften und kann in Verbindung mit Sonnenlicht Verbrennungen auf der Haut erzeugen. Liebstöckeltee darf nicht während der Schwangerschaft getrunken werden.

Linum usitatissimum · Lein

Lein gehört mit Gerste und Weizen zu den ältesten Kulturpflanzen der Welt und wurde schon vor 6000 bis 8000 Jahren von den Sumerern und Ägyptern angebaut. In der jüngeren Steinzeit kam er nach Europa und ist bis heute als Öl- und Faserpflanze in Kultur.

Der uns bekannte einjährige Lein stammt vermutlich von der mehrjährigen Wildform *Linum angustifolium* ab, die im östlichen Mittelmeerraum bis Südwestasien zu Hause ist. Lein wächst straff aufrecht, verzweigt sich im oberen Bereich und wird bis 100 Zentimeter hoch. Die kleinen schmal lanzettlichen Blätter sitzen direkt am Haupttrieb. Die hellblauen, gelegentlich weißen, deutlich geaderten, leicht duftenden Blüten erscheinen von Juni bis August und bilden später geschlossene Kapseln.

Leinpflanzen blühen herrlich blau, als wollten sie den Sommerhimmel widerspiegeln.

Aus alten Zeiten

Schon in den ältesten Kulturen wurden aus der Stammform Öl- und Faserleine ausgelesen, die bis heute in vielen Ländern der Welt angepflanzt werden. In Ägypten war der Lein wohl dem Himmelgott Schu geweiht und wurde im großen Stil angebaut. Die Fasern wurden für die Herstellung der Segel für Feluken und auch von Leichentüchern benötigt. Das Tragen von Leinengewändern hatte stets einen großen Symbolwert. Die Priester der Hebräer und auch der Pythagoreer trugen Leinengewänder im Tempel und zeigten so ihre Bereitschaft zur Reinheit und Erhebung. Es ist anzunehmen, dass die Christen diesen Brauch übernahmen, auch sie trugen weiße Gewänder für ihre liturgischen Handlungen. Und auch die Kelten und Germanen kleideten sich in Leinen. Die Legende sagt, dass die Muttergöttin Freyja persönlich die Menschen in die Geheimnisse der Pflanze eingeweiht habe. So lagen der Anbau und die Herstellung von Leinen über Jahrhunderte in den Händen der Frauen.
Im *Capitulare de villis* Karls des Großen wurde der Flachsanbau empfohlen und der Leinanbau nahm ab dem Mittelalter eine rasante Entwicklung. Der Anbau der Flachspflanze und der Handel mit Leinen machte Deutschland bereits im 16. Jahrhundert zu einer bedeutenden Industrienation. Ende

des 19. Jahrhunderts verlor der Flachsanbau langsam seine Bedeutung, als die Verwendung von Baumwolle sich in der Textilindustrie immer stärker durchsetzte.

Anbauen und ernten

Lein bevorzugt nahrhafte, gut durchlässige Böden in sonniger Lage. Die Vermehrung erfolgt durch die Freilandaussaat im Frühjahr. Da die Jungpflanzen relativ empfindlich sind und auch recht langsam wachsen, ist es besonders wichtig, Wildkräuter aus dem Beet rechtzeitig zu entfernen. Um Bodenermüdungserscheinungen vorzubeugen, empfiehlt sich ein großer Abstand zwischen den Kulturen. Zum Ausreifen des Leinsamens benötigt die Pflanze eine Kulturzeit von etwa 120 Tagen.

Verwenden und genießen

In der Küche werden Leinsamen häufig in Müsli gemischt oder zum Backen verwendet. Die Volksmedizin verwendet Leinsamen seit Menschengedenken vor allem als mildes Abführmittel. Leinsamenschleim wirkt bei entzündlichen Erkrankungen des Magen-Darm-Trakts. Der Aufguss hat sich als Gurgelmittel bei Entzündungen im Mund- und Rachenraum bewährt und hilft bei Reizhusten und Heiserkeit. Warme Breiumschläge aus zerstoßenen Samen sind wirksam bei Wunden und Hautentzündungen.
Der überwiegende Teil der Leinsamenernte wird allerdings nicht als Nahrungs- oder Arzneimittel eingesetzt, er wird vielmehr zur Herstellung von Öl verwendet. Das gepresste Leinöl gilt als wertvolles Speiseöl und ist auch Rohstoff für die Herstellung von Ölfarben, Firnissen, Schmierseife und Linoleum sowie Kosmetika und Pflegemitteln. Flachsfasern werden in jüngerer Vergangenheit wieder häufiger von der Bekleidungsindustrie verarbeitet und liefern auch heute noch chirurgisches Nahtmaterial.

Lein ist eine wichtige Kulturpflanze – sie liefert uns Fasern und wertvolles Öl.

Malva sylvestris · Wilde Malve

Die Wilde Malve zählt zu unseren ältesten Nutzpflanzen. Ihr Name stammt vom griechischen malasso ab, ich erweiche. Wegen der geschwürerweichenden Wirkung machten die Menschen Malvenblätter zum Symbol für die Bitte um Vergebung.

Die Wilde Malve ist eine zwei- bis mehrjährige Pflanze aus der Familie der Malvengewächse. Ursprünglich stammt sie wohl aus dem Mittelmeergebiet, besiedelt jedoch heute weite Flächen in Europa. Aus dem fleischigen Wurzelstock treibt zunächst eine Blattrosette und später ein aufrecht wachsender, stark verzweigter, bis 120 Zentimeter hoher Blütenstand. Die Blätter sind handförmig gelappt und behaart.
Von Juni bis September erscheinen in den Blattachseln violettrosafarbene, dunkler gestreifte Blüten, die sich zu kapselförmigen Früchten entwickeln.

Die wunderschönen Malvenblüten sind essbar.

Aus alten Zeiten

In der Natur sind Malven ausgesprochen weit verbreitet und werden vom Menschen schon seit langer Zeit medizinisch verwendet. Aus der Bibel kennen wir die Geschichte, in der der greise Simon sein Augenleiden mit dem Extrakt der Malvenwurzel heilte. Auch der griechische Geschichtsschreiber Hesiod erwähnte die Malve bereits um 700 v. Chr., und der berühmte Arzt Dioskurides setzte die Wilde Malve bei Darmträgheit, Gebärmutterleiden und Insektenstichen ein. Er schwor auch auf ihre Wirkung als Aphrodisiakum. Demnach war schon damals die entzündungshemmende und schleimhautschützende Wirkung der Malve bekannt. Neben der Verwendung als Heilmittel galt die Malve in der Antike auch als billige Nahrung für die arme Bevölkerung.
Bei uns wurde die Pflanze spätestens im Mittelalter auf Anordnung des *Capitulare de villis* in Kultur genommen und auch in der Klosterheilkunde war die Malve von Bedeutung. Hildegard von Bingen nennt die Pflanze Babela und empfiehlt dem Magenkranken ein Mus aus Malven zur Förderung seiner Verdauung. Allerdings rät sie davon ab, die Malve roh zu essen, da sie giftig und

zu schleimig sei. Der Mönch Odo Magdunenis beschreibt die Pflanze in seinem *Macer floridus*, dem mittelalterlichen Standardwerk der Kräuterheilkunde. Er setzte die Malve als Abführmittel ein und nutzte die Blätter, zerstampft und mit Weidenblättern vermischt, als Umschlag bei blutenden Wunden. Auch Fieber, Schwindsucht, Verhärtungen der Gebärmutter und Augengeschwüre wurden mit der Malve behandelt.

Anbauen und ernten

Malven bevorzugen gut durchlässige, nahrhafte, kalkhaltige Böden in sonniger Lage. Sie werden durch Aussaat im Frühjahr oder seltener im Herbst vermehrt. Da die Saat sehr unregelmäßig keimt, ist es sinnvoll, die Pflanzen vorzuziehen. Der Pflanzabstand im Beet beträgt 30 bis 40 Zentimeter oder die Malven werden in Blumenrabatten gepflanzt. Doch Vorsicht: Einmal im Garten angesiedelt, lässt sich die Malve nur schwer wieder entfernen.
Einzelne junge Blätter werden bei Bedarf im Frühjahr und Blüten im Sommer gepflückt. Im Sommer wird auch das ganze blühende Kraut geschnitten und getrocknet. Die Wurzelernte erfolgt im Herbst.

Verwenden und genießen

Die Malve wirkt reizmildernd und wegen ihres hohen Gehaltes an Gerbstoffen auch zusammenziehend. Daher werden Malvenblüten, seltener Malvenblätter, als Tee oder in Teemischungen bei Entzündungen der oberen Luftwege, Heiserkeit, Reizhusten oder bei Schleimhautreizungen im Mund- und Rachenraum verwendet. Die Blätter und Wurzeln wirken leicht abführend und helfen auch bei Darmreizungen. Die

Die Wilde Malve ist eine hübsche Wildpflanze und in fast allen Teilen von großem Nutzen.

Volksheilkunde kennt die Malve, äußerlich angewendet, als Wundmittel und als abschwellendes Mittel bei Insektenstichen. Auch Ekzeme und Geschwülste werden mit Breiumschlägen behandelt.
In der Küche können junge Blätter, Knospen und Triebe als Beigabe von Salaten oder Gemüse gegessen werden, und die Blüten eignen sich zur Garnierung von Desserts und Salaten. Malvenblüten werden häufig zum Färben von Lebensmitteln verwendet und sind Bestandteil von vielen Teemischungen, manchmal aber nur, um dem Getränk eine schönere Farbe zu geben.

Marrubium vulgare · Gewöhnlicher Andorn

Andorn ist eine der ältesten uns bekannten Heil- und Symbolpflanzen. Die Legende sagt, der bittere Andorntee kläre Geist und Sinne. Folglich steht die Pflanze im Volksglauben als Symbol für Reinigung, Schutz und Bitternis.

Andorn ist ein typischer Halbstrauch aus der Familie der Lippenblütengewächse. Seine ursprüngliche Heimat ist der Mittelmeerraum, allerdings wurde Andorn schon vor langer Zeit auch in Mitteleuropa eingeführt. Hier ist er in Gärten oder auch an Wegen, Mauern und auf Schutt zu finden. Die wintergrüne Pflanze wächst buschig, ist verzweigt, wird bis 60 Zentimeter hoch und ist überall filzig behaart. Besonders auffällig ist der vierkantige Stängel. Die graugrünen Blätter haben eine rundliche Form mit Kerben und einer runzeligen Oberfläche. Die weißen Blüten stehen in den Blattachseln in Scheinquirlen und erscheinen von Juni bis August. Sie bilden Fruchtstände, die auch im getrockneten Zustand lange am Stängel verbleiben.

Andorn ist leicht an seinen vierkantigen Stängeln und quirligen Blütenständen zu erkennen.

Aus alten Zeiten

Die Verwendung des Andorns als Heilpflanze hat eine lange Tradition. Der lateinische Name *Marrubium* stammt wohl aus dem hebräischen marrob, was so viel bedeutet wie bitterer Saft. Dieser bittere Saft wurde ursprünglich zum Passahfest zubereitet. Die Ägypter glaubten, die Pflanze könne Kinder vor Gefahren schützen. Sie verwendeten ihn schon zur Zeit der Pharaonen als Heilkraut gegen Erkrankungen der Atemwege. Auch der griechische Arzt Dioskurides empfahl Andorn vor allem bei Husten und Asthma, beschreibt aber deren Wirkung auch bei Ohrenschmerzen, Vergiftungen, Wunden und Geschwüren. Auch in der Klosterheilkunde des Mittelalters hat der Andorn einen festen Platz und wird in vielen Kräuterbüchern beschrieben.

Der Andorn ist warm und hat genug Saft, und er hilft gegen verschiedene Krankheiten. Denn wer taube Ohren hat, der koche Andorn in Wasser und nehme ihn aus dem Wasser und lasse seinen warmen Dunst in seine Ohren dringen, und er lege ihn so warm um die Ohren und den ganzen Kopf, und er wird ein besseres Gehör erlangen. Und wer in der Kehle krank ist, der koche Andorn in Wasser, und er seihe jenes Wasser durch ein Tuch, und er füge zweimal so viel Wein bei, und er lasse es nochmals in einer Schüssel aufkochen unter Beigabe von genügend Fett, und so trinke er es oft, und er wird in der Kehle geheilt werden. ... Und wer kranke und gebrochene Eingeweide hat, der koche Andorn in Wein unter Beigabe von genügend Honig. Und dieses Gekochte schütte er in einen Topf und trinke es oft abgekühlt, und die Eingeweide werden geheilt.
HILDEGARD VON BINGEN

Anbauen und ernten

Als mediterraner Halbstrauch bevorzugt Andorn gut durchlässige, magere Böden an warmen und vollsonnigen Standorten. Er wird durch Aussaat im Frühjahr, am besten mit Vorkultur, oder durch Teilung des Wurzelstockes im Herbst vermehrt. Endgültig in das Beet gepflanzt, sollte der Abstand der Pflanzen wenigstens 30 Zentimeter betragen. Andorn verbleibt über mehre Jahre am Standort und braucht kaum gewässert oder gedüngt zu werden. Um den Halbsträuchern etwas Winterschutz zu geben, wird das Kraut erst im Frühjahr zurückgeschnitten. Während der gesamten Vegetationsphase lassen sich frische Blätter ernten. Zum Anlegen von Wintervorräten werden nicht verholzte, blühende Triebe im Sommer geschnitten, gebündelt und getrocknet.

Verwenden und genießen

Auch wenn Andorn heute seine Bedeutung als Heilpflanze weitestgehend verloren hat, verwendet die Volksheilkunde die Pflanze noch als Mittel gegen Appetitlosigkeit sowie bei Reizmagen und Verdauungsbeschwerden. Außerdem wirkt der Tee schleimlösend bei Entzündungen der Atemwege. Äußerlich angewendet, gilt Andorn als Wundheilmittel bei Hautausschlägen und Geschwüren. Andornkraut ist Bestandteil verschiedener Teerezepturen und Rohstoff für die Herstellung von Kräuterlikören.

Die zahlreichen, leicht fleischigen Blätter sehen runzelig aus und schmecken sehr bitter.

Matricaria recutita · **Echte Kamille**

Es gibt wohl nur ganz wenige Menschen, die den Duft der beliebten Kamillenblüten nicht schon aus früher Kindheit kennen. Kamillentee gilt von jeher als das Heilmittel bei Bauchschmerzen und auch zum Spülen von Wunden.

Die Echte Kamille wird häufig mit ähnlichen Korbblütengewächsen wie der Falschen Kamille verwechselt. Eindeutiges Erkennungsmerkmal der Echten Kamille ist ihr hohler Blütenboden. Die von Mai bis Juni erscheinenden Blüten bestehen aus gelben Röhrenblüten, die von einem Kranz weißer Zungenblüten umgeben sind. Das einjährige Kraut kommt wild in ganz Europa und großen Teilen Asiens vor. Es wächst locker buschig bis 50 Zentimeter hoch mit stark verzweigten Stängeln. Die hellgrünen Blätter sind fein gefiedert.

Die Echte Kamille blüht überreich und schenkt uns im Frühsommer ihren typischen Duft.

Aus alten Zeiten

Die Kamille ist eine uralte Heilpflanze und wurde schon von den Ägyptern verehrt. Dort galt sie als Blume des Sonnengottes. Auch bei den Griechen war die Kamille eine sehr beliebte Heilpflanze. So empfahl Dioskurides die Kamille gegen eine ganze Reihe von Beschwerden. Sie sollte bei Blasenentzündungen und Leberleiden angewendet werden und galt auch als unterstützendes Mittel bei der Geburt und zum Austreiben von Steinen. Die Germanen verglichen die Kamillenblüten mit den Augenwimpern Balders, Gott des Lichtes, der Reinheit, der Güte und der Schönheit in der nordischen Mythologie.

Kamille ist aber auch eine Heilpflanze der Klosterheilkunde. Schon aus der Zeit Karls des Großen ist bekannt, dass Kamillenöl zum Desinfizieren des Mundraumes verwendet wurde, und später wurde Kamille in allen großen Kräuterbüchern des Mittelalters beschrieben. Odo Magduensis lobt das Kamillenöl in seinem *Macer floridus* und empfiehlt es zur Behandlung von Hautausschlag und Geschwüren. Auch Konrad von Megenberg schätzt das Kraut sehr: Kamille wirke kräftigend, stärke das Gehirn und entferne die schlechten Säfte aus dem Haupt. Andere mittelalterliche Kräuterbücher preisen die schmerzlindernden und beruhigenden Eigenschaften der Kamille und empfahlen sie bei Mutterschaft und Frauenleiden. So wurde die Kamille Symbol für Heilung, Tugend, Schutz und gesunde Mutterschaft. Interessanterweise scheint Hildegard von Bingen das Kraut nicht sehr geschätzt zu haben, die Kamille wird in keinem ihrer Werke erwähnt.

Anbauen und ernten

In der Kultur ist die Echte Kamille relativ anspruchslos und wird in vielen Ländern angebaut. Sie bevorzugt humusreiche, leicht lehmige Böden in sonniger Lage. Die Vermehrung erfolgt durch Direktaussaat im April. Während des ganzen Sommers können Blütenköpfchen geerntet und schonend getrocknet werden. Sie ergeben einen hochwertigen Kamillentee. Zur Herstellung von günstigen Haustees wird meist das ganze blühende Kraut geerntet und getrocknet.

Kamille ist als Ackerbegleitkraut in unseren Regionen weitverbreitet.

Verwenden und genießen

Die Heilwirkung der Kamille ist allseits anerkannt und sehr weit verbreitet. Die Blüten können frisch oder getrocknet zum Aufguss von Tee verwendet werden. Kamillentee wird bei Erkrankungen im Magen- und Darmbereich, bei Verdauungsstörungen sowie bei Menstruationsbeschwerden getrunken. Verschiedene Zubereitungen, wie zum Beispiel Salben, Tee, Tinkturen oder Öl, werden äußerlich in Form von Umschlägen oder Bädern angewendet. Sie helfen bei Entzündungen der Haut sowie bei Erkrankungen der Atemwege und der Stirn- und Nebenhöhlen. Doch Achtung: Kamillentee ist nicht zum Dauergebrauch geeignet. Eine Überdosierung kann zu Schwindel und Nervosität führen und der häufige Umgang mit getrockneten Kamillenblüten kann Allergien auslösen.

Melissa officinalis · Zitronen-Melisse

Autoren alter Kräuterbücher sagen, Melisse am Abend getrunken erzeuge besonders schöne Träume. Vielleicht ist das der Grund, warum Melisse als gute Medizin für die Nerven gilt und schon in unseren Klöstern Melissengeist gebraut und getrunken wurde.

Melisse ist ein mehrjähriges Lippenblütengewächs aus dem östlichen Mittelmeergebiet, in Mitteleuropa wächst sie nur als Kulturpflanze. Ihr Wuchs ist dichtbuschig, die Triebe sind verzweigt und werden bis 100 Zentimeter hoch. Die zitronig duftenden Blätter sind eiförmig, gleichmäßig gezähnt und genau wie die Stängel unterseits behaart. Von Juni bis August erscheinen die kleinen, achselständigen, weißen bis rosafarbenen Blüten.

Aus alten Zeiten

Der Name Melissa stammt aus dem Griechischen und bedeutet so viel wie Biene oder die Honigsüße. In der griechischen Mythologie ist die Melisse der Göttin Diana geweiht, der jungfräulichen Göttin der Jagd, des Mondes, des Waldes und Hüterin der Frauen und Kinder. Da liegt es nahe, dass die Zitronen-Melisse seit der Antike hochgeschätzt und vielseitig verwendet wurde. Bereits Plinius kannte die beruhigende Wirkung der Heilpflanze und erwähnte sie in seiner *Naturalis historia*.
Die Melisse kam im 11. Jahrhundert mit den Arabern nach Spanien und wurde bei uns erstmals in den Klostergärten angebaut. Die Äbtissin Hildegard von Bingen war von der beruhigenden Kraft des Krautes dermaßen überzeugt, dass sie von der Melissse schrieb:

Wenn die ersten Blüten erscheinen, wird der Geschmack der Blätter leicht bitter.

„Sie hat Kräfte von 15 anderen Kräutern." Auch der berühmte Arzt Paracelsus, auf den die ersten schriftlichen Zeugnisse der Signaturenlehre in Europa zurückgehen, dichtete: *„Melissa ist von allen Dingen, welche die Erde hervorbringt, das beste Kräutlein für das Herz."* Es ist anzunehmen, dass ihn die herzähnliche Form der Melissenblätter auf diesen Gedanken gebracht hat. Fortan galt die Melisse als Herzkraut und wurde dementsprechend bei Herzbeschwerden eingesetzt. Und in der Tat wirkt das Melissenöl beruhigend auch bei Herzbeschwerden und wurde in aller Regel als Destillat eingenommen. Der bis heute bekannte *Klosterfrau Melissengeist* geht auf die Kloster-Apothekerin Maria Clementine Martin zurück, die die altbewährte Natur-Arznei 1826 erstmals in Köln produzieren ließ.

Anbauen und ernten

Die Zitronen-Melisse bevorzugt gut durchlässige, nahrhafte, frische Böden in sonniger Lage. Sie wird durch Aussaat im Frühjahr oder durch Teilung des Wurzelstockes im Herbst vermehrt und auf einen Abstand von wenigstens 30 Zentimetern ausgepflanzt. Melisse ist starkwüchsig und verbreitet sich im Garten massiv, falls man sie lässt.
Vor der Blüte werden junge Blätter und Triebspitzen geerntet und frisch verwendet oder, ohne die Blätter zu quetschen, schonend getrocknet. Melisse sollte unbedingt vor der Blüte abgeerntet werden, die Blätter werden sonst hart und schmecken etwas bitter. Ein vollständiger Rückschnitt der Planze vor der Blüte verhindert die Selbstaussaat und ermöglich einen neuen Austrieb für die zweite Ernte im Laufe des Sommers. Zur Verwendung in der Küche ist es sinnvoll, die Blätter frisch zu verwenden, da beim Trocknen des Krautes ein großer Teil des Zitronenaromas verloren geht.

Die jungen Blätter der Zitronen-Melisse haben ein herrlich frisches Aroma.

Verwenden und genießen

Getrocknete Melissenblätter werden zur Zubereitung von Tee verwendet. Weithin anerkannt ist die beruhigende Wirkung der Melisse – das Kraut ist heute Bestandteil von verschiedenen Schlaf- und Nerventees. Die Volksheilkunde kennt Melisse als Stärkungsmittel in Erkältungszeiten und empfiehlt sie bei nervösen Herzbeschwerden. Das ätherische Öl wird in Entspannungsbädern und zur Herstellung von Salben verwendet und auch der Melissengeist ist nach wie vor ein beliebtes Hausmittel.
In der Küche werden frische Melissenblätter zum Würzen von Salaten, Saucen, Süßspeisen und Fischgerichten verwendet. Allerdings dürfen sie nicht allzu lange mitgekocht werden, sonst verlieren sie ihr Aroma.

Mentha spec. · Minze

Der Sage nach soll sich Hades, der Gott der Unterwelt, in die schöne Nymphe Minthe verliebt haben. Als seine Frau Persephone diese Liebe entdeckte, hat sie die Nymphe in eine Kriechpflanze verwandelt, um sie mit Füßen treten zu können.

Der mehrjährige Lippenblütler ist in Europa heimisch und als Kulturpflanze in unzähligen Kreuzungen und Sorten weit verbreitet. Aus dem stark ausläuferbildenden Wurzelstock treiben dichtbuschig verzweigte Triebe, die bis 80 Zentimeter hoch werden. Die aromatischen Blätter sind eiförmig bis elliptisch, meist gesägt, dunkelgrün und teilweise rötlich überlaufen. Von Juli bis August erscheinen die rosa bis violettfarbenen Blüten in Scheinähren oder in achselständigen Scheinquirlen.

Aus alten Zeiten

Die Minze ist eine uralte Heil- und Duftpflanze und wurde schon in der Bibel erwähnt. Allerdings ist dort wahrscheinlich die Rossminze (*Mentha longifolia*) gemeint, die auch im Heiligen Land zu Hause ist. Zur Reinigung ihrer Tempel legten die Hebräer den Boden mit Minze aus, was später von der italienischen Kirche übernommen wurde. Auch den Ägyptern war die Minze wohlbekannt. Dem toten Pharao wurde Minze in den Sarkophag gelegt, als Schutz für die Reise ins Jenseits. Auch die griechischen Ärzte der Antike kannten die Vorzüge der Minze. Um den Appetit ihrer Gäste anzuregen, bestreuten Griechen und Römer an Festtagen ihre Fußböden mit Minzblättern. Die Römer würzten Saucen und Wein mit Minze und trugen bei ihren Gelagen Kränze aus Minze, um dem Kater vorzubeugen. Minze galt ihnen auch als Aphrodisiakum und als Symbol der Gast-

Schon der Anblick frischer Minzeblätter macht Appetit auf den aromatischen Tee.

Fast alle Minze-Sorten, bilden – wie die Polei-Minze – attraktive Blütenstände

freundschaft. Bei uns war die Pfefferminze im Mittelalter noch nicht bekannt. Walahfrid Strabo und Hildegard von Bingen priesen die Wirkung verschiedener Wildformen der Pflanze und empfahlen sie bei Völlegefühl und zur Förderung der Verdauung.
Heute hat sich der Anbau der Pfefferminze (*Mentha × piperita*) durchgesetzt, die durch eine zufällige Kreuzung der Grünen Minze (*Mentha spicata*) mit der Bachminze (*Mentha aquatica*) im 17. Jahrhundert in England entstanden ist. Im Laufe der Zeit wurde die Pfefferminze züchterisch bearbeitet und es entstand ein großes Sortiment an Kulturformen. Heute ist die Welt der Minzen völlig unübersichtlich und es gibt eine große Auswahl an Pflanzenformen und an Geschmacksrichtungen.

Die Gattung Mentha verfügt über ein fast unüberschaubares Spektrum an Arten und Sorten, hier: Pfefferminze.

Anbauen und ernten

Für ein gesundes Wachstum benötigen Minzen nahrhafte, feuchte Böden an sonnigen bis halbschattigen Standorten. Da Minzen nur selten Samen ansetzen, erfolgt die Vermehrung durch Stecklinge im Sommer oder Wurzelteilung im Herbst. Doch Achtung: Viele Formen neigen zu spontanen Veränderungen. In der Kultur sind die Minzen anspruchslos, sie benötigen lediglich genügend Feuchtigkeit. Da die Pflanzen zum Wuchern neigen, müssen die Wurzeln gelegentlich reduziert oder Rhizomsperren eingebaut werden. Alternativ bietet sich die Topfkultur an. Geerntet werden junge Blätter und Triebe bei Bedarf und oberirdische Pflanzenteile zum Trocknen kurz vor der Blüte.

Verwenden und genießen

Pfefferminztee wird aus getrockneten Blättern zubereitet und ist ein beliebter Haustee. Er wirkt krampflösend und beruhigend und im Sommer, eiskalt getrunken, erfrischend. Pfefferminztee als Badezusatz reinigt die Haut. Auch die Verwendung von Pfefferminzöl ist sehr beliebt. Es gilt als entzündungshemmend, krampf- und schleimlösend und wird zur Schmerzlinderung bei Kopfschmerzen und bei Erkältungen angewendet. Doch Vorsicht: Pfefferminzöl löst in seltenen Fällen allergische Reaktionen aus. Pfefferminzöl ist auch Rohstoff für die Herstellung von Mundwasser, Zahncremes, Likör und Kaugummi. In der Küche eignen sich frische Minzeblätter zum Würzen von Lamm, Wild oder Süßspeisen.

Nigella sativa · Echter Schwarzkümmel

Die Verwendung von Schwarzkümmel als Heilmittel und Gewürz hat eine sehr lange Tradition. Schon in der Bibel wurde er unter dem Namen ketzah erwähnt und auch der Prophet Mohammed würdigte ihn: „Schwarzkümmel heilt jede Krankheit, außer den Tod."

Schwarzkümmel ist ein einjähriges Kraut aus der Familie der Hahnenfußgewächse. In seiner Heimat, dem Mittelmeerraum, Westasien und Indien, wird er häufig als Kulturpflanze angebaut. Schwarzkümmel wird 30 bis 40 Zentimeter hoch, hat grüne, dreifach gefiederte Blätter mit schmalen Blättchen und blüht bei uns von Juni bis Juli blassblau, teilweise auch weiß. Anschließend erscheinen die drüsigen, gezähnten Balgfrüchte mit den typischen schwarzen Samen.

Aus alten Zeiten

Der Ruhm des Schwarzkümmels ist schon Jahrtausende alt. Sein arabischer Name Habbah al-baraka bedeutet so viel wie segensreicher Same. Im alten Ägypten war das aus dem Samen gepresste Öl ein begehrtes Heil- und Pflegemittel und wurde schon von der schönen Nofretete für kosmetische Zwecke verwendet. Auch dem berühmten Pharao Tutenchamun wurde für sein Leben nach dem Tod Schwarzkümmelöl in den Sarkophag gelegt.
In der antiken europäischen Heilkunde ist der Schwarzkümmel bestens bekannt. Die großen Ärzte Hippokrates und auch Plinius beschrieben das Kraut und Dioskurides berichtet von seiner Wirkung gegen Geschwülste, Kopf- und Zahnschmerzen,

Der Echte Schwarzkümmel ist eine kleine Pflanze mit sehr zarten Blättchen.

Frauenleiden und auch Schlangenbisse. Er warnt auch vor dem unsachgemäßen Gebrauch der Samen. Bei uns taucht der Schwarzkümmel erstmals im *Capitulare de villis* auf und ist im Klosterplan von St. Gallen erwähnt. Die schwarzen Samen galten als Pfefferersatz und wurden zum Würzen von Brot verwendet. Hildegard von Bingen erwähnt den Schwarzkümmel nur kurz und warnt vor möglichen Vergiftungen. Vielerorts galt die Pflanze als Zauberpflanze und wurde zur Abwehr von Hexen und Zauberei genutzt. Die großen Kräuterbücher empfahlen die Verwendung des Schwarzkümmels und beschrieben ihn als wirksam gegen Blähungen, Zahnschmerzen, Atembeschwerden und auch Vergiftungen. Der Anbau von Schwarzkümmel war bei uns im 16./17. Jahrhundert besonders verbreitet, die Pflanze wuchs in vielen Bauerngärten. Bis in das 18. Jahrhundert galt Schwarzkümmel bei uns als anerkanntes Heilmittel, ist dann jedoch in Vergessenheit geraten.

Anbauen und ernten

Schwarzkümmel bevorzugt nahrhafte, durchlässige, warme Böden in sonniger Lage. Die Vermehrung erfolgt durch Aussaat im späten Frühjahr. Zum gesunden Wachstum benötigen die Pflanzen etwa 15 Zentimeter Platz und beanspruchen keine besondere Pflege. Sobald die Samenkapseln braun geworden sind, werden sie geschnitten und an einem luftigen Platz zum Nachtrocknen ausgelegt.

Verwenden und genießen

Im östlichen Mittelmeerraum wird Schwarzkümmel noch heute feldmäßig angebaut und als Gewürz oder zum Pressen von fettem Öl verwendet. Die Volksheilkunde verwendet Schwarzkümmel gegen Blähungen und zur Förderung der Milchbildung stillender Mütter. Neuere Forschungen haben ergeben, dass Schwarzkümmelöl positive Wirkung auf unser Immunsystem hat und den Blutzucker absenken kann. Außerdem wirkt das Öl entzündungshemmend und kann bei Rheuma eingesetzt werden. Schwarzkümmel und das aus den Samen gewonnene fette Öl (wertvolles Speiseöl) gilt als das erfolgreichste Naturheilmittel der vergangenen Jahre. In der Küche werden die Samen ganz oder gemahlen zum Würzen von Brot und Saucen verwendet. Das Gewürz passt gut zu Hülsenfrüchten, orientalischen Eintöpfen, Fleisch- oder Fischgerichten und ist Bestandteil von Curry-Gewürzmischungen.

Die hellblauen, kleinen Blüten des Echten Schwarzkümmels sind sehr typisch.

Origanum vulgare ssp. *vulgare* · Gewöhnlicher Dost

Dost war als Heilmittel oder zur Abwehr von bösem Zauber weitverbreitet. Der Gattungsname Origanum stammt aus dem Griechischen und setzt sich zusammen aus óros (Berg) und gános (Schmuck) – er gibt Auskunft über die natürliche Verbreitung der Pflanze.

Das auch unter dem Namen Wilder Majoran oder Oregano bekannte Kraut aus der Familie der Lippenblütengewächse ist in Europa, Asien und Nordafrika zu Hause. Die mehrjährige Pflanze wächst dichtbuschig, bildet Ausläufer und wird etwa 50 Zentimeter hoch. Die dunkelgrünen Blätter sind eiförmig, ganzrandig und flaumig behaart. Die aufrechten Stängel sind rötlich, im unteren Bereich nicht verzweigt und tragen von Juni bis September Trugdolden mit rosa oder weißen Lippenblüten.

Aus alten Zeiten

Dost ist eine weitverbreitete Wildpflanze und wird in vielen Ländern schon lange verwendet. Im alten Ägypten war sie dem Gott Osiris geweiht, dem Gott des Jenseits, der Wiedergeburt und des Nils. Sie wurde den Toten beigegeben, wohl um den Übergang in ein neues Leben abzusichern. Anlehnend an diesen Brauch, pflanzten noch die Römer Majoran auf die Gräber. Priester nutzten in der Antike die reinigende Kraft des Oreganoduftes und Ärzte schätzten die nervenstärkende Kraft des Krautes sehr. Theophrast, Schüler des Aristoteles, schrieb, Oregano sei *„in der Wirkung herrlich und für viele Zwecke, doch besonders für die niederkommenden Frauen, dienlich.*" Weitverbreitet war auch die Verwendung des Oreganos zur Herstellung von Liebessalben oder -tränken. In der Tat wirkt das Kraut stimulierend und beruhigend bei Erregungszuständen. Im Mittelalter galt Dost als wichtige Heil- und Zauberpflanze. Getrocknete Doststräußchen halfen Hexen abzuwehren und sollten vor dem Teufel schützen. Mittelalterliche Schriften berichten von der beruhigenden Wirkung des Dostes und empfahlen das Kraut zum Ausgleich bei Erregungszuständen und bei psychischer Labilität. Hildegard von Bingen kannte die Anwendung des Krautes als Badezusatz oder als Einreibung bei Hautkrankheiten und Leonhart Fuchs empfahl es für die Zahnpflege. In der Volksheilkunde wurde Oregano vielseitig verwendet und galt als wirksam bei Magenschmerzen, Husten und Halsschmerzen sowie bei Kopf- und Nervenschmerzen.

Anbauen und ernten

Alle *Origanum*-Arten bevorzugen durchlässige, trockene Böden in sonniger Lage. Die Vermehrung erfolgt durch Aussaat im Frühjahr oder Teilung des Wurzelstockes im Herbst. Während des Wachstums werden die Pflanzen wenig gegossen oder gedüngt. Frische Blätter und Triebe können in der gesamten Vegetationsperiode geerntet werden, zum Anlegen von Vorräten ist es jedoch sinnvoll, krautige Pflanzenteile kurz vor oder während der Blütezeit zu schneiden, zu bündeln und zu trocknen.

Verwenden und genießen
Die Volksheilkunde verwendet Dost nach wie vor als Tee oder Tinktur bei Erkrankungen der Atemwege, Erkältungen, Grippe und bei Verdauungsbeschwerden. Oregano gilt auch als nützlich zum Einleiten der Menstruation. Außerdem ist der Tee oder das verdünnte Öl, äußerlich angewendet, wirksam bei verstopfter Nase, zur Behandlung von Wunden und Hautkrankheiten und in der Mundhygiene. Das Homöopathikum *Origanum vulgare* wird aus dem frischen, blühenden Kraut gewonnen und bei Erkrankungen der männlichen Geschlechtsorgane sowie bei gesteigerter sexueller Erregbarkeit verwendet. Die Aromatherapie nutzt den Oreganoduft zur Entspannung. Das durch Wasserdampfdestillation gewonnene ätherische Öl ist Rohstoff für die Kosmetik-, Parfüm- und Seifenindustrie sowie Bestandteil vieler Kräuterlikörrezepturen. Als Gewürz ist Oregano wohl am engsten mit der italienischen Küche verbunden. Für zahlreiche Pizza- und Pastarezepte oder auch Tomatengerichte ist das würzende Kraut unverzichtbar. Dost schmeckt auch zu Fleischgerichten und Gemüsesuppen.

Der Gewöhnliche Dost duftet herrlich und hat attraktive, hellrosa Blütenstände.

Pimpinella anisum · Anis

Anis wurde bereits in der Antike als Gewürz und Heilmittel im östlichen Mittelmeerraum angebaut. Medizinische Texte aus der Pharaonenzeit belegen, dass die ägyptische Heilkunde den Anissamen als Heilmittel für eine Vielzahl von Erkrankungen empfahl.

Anis ist ein einjähriges Kraut aus der Familie der Doldenblütengewächse. Aus einer spindelförmigen, fleischigen Wurzel wächst zunächst eine Blattrosette mit ungeteilten Grundblättern. Aus der Rosette treiben aufrechte Blütentriebe, die 30 bis 50 Zentimeter hoch werden und die gefiederte bis dreiteilige, tief eingeschnittene Blätter haben. Die weißen Blüten erscheinen von Juni bis Juli, stehen in Dolden und entwickeln sich zu aromatischen Spaltfrüchten.

In ausreichend warmen Sommern erscheinen die weißen Anisblüten in großer Fülle.

Aus alten Zeiten

Erste schriftliche Überlieferungen von der Verwendung des Krautes finden wir im *Papyrus Ebers*, das vor etwa 3500 Jahren in Ägypten entstanden ist. Die Ägypter verwendeten Blätter und Samen der Pflanze als Nahrung, zur Zubereitung von Getränken und als Medizin. In der Heilkunde stand die Verwendung der Samen als harntreibendes und verdauungsförderndes Mittel im Vordergrund, sie wurden aber auch bei Zahnschmerzen empfohlen. Die Griechen nutzten Anis zum Würzen von Brot und vermutlich waren die Samen auch Bestandteil des legendären Theriaks, des Allheilmittels gegen zahlreiche Erkrankungen. Dioskurides und Plinius empfahlen Anis als Mittel gegen Husten, Blähungen, Kopfschmerzen und als Gegengift bei Schlangenbissen. Anis galt als milchbildend und auch als Aphrodisiakum. Im Vorderen Orient kaute man Aniskörner nach dem Essen, um den Atem zu erfrischen.

Bei uns wurde Anis erst im Mittelalter bekannt. Karl der Große befahl den Anbau auf seinen Gütern und die Mönche schätzten Anis als Gewürz und als Heilmittel gleichermaßen. Bis heute verwendet die Volksheilkunde Anistee bei Atemwegserkrankungen und zur Behandlung von Verdauungsproblemen.

Anbauen und ernten

Als mediterranes Kraut bevorzugt Anis warme, durchlässige, nahrhafte, leichte Böden in sonniger Lage. Die Aussaat erfolgt an warmen Frühlingstagen direkt im Freiland. Die Reihen sollten einen Abstand von 20 bis 30 Zentimetern haben, der endgültige Pflanzenabstand in der Reihe liegt bei zehn bis 15 Zentimetern. Während des Wachstums können Blätter und Blüten stets frisch geerntet werden. Kurz vor der Fruchtreife werden ganze Dolden abgeschnitten und nachgetrocknet.

Verwenden und genießen

Anis kann vielseitiger verwendet werden als zunächst vermutet. Die frischen Blätter schmecken würzig im Salat und die Blüten dienen als Garnierung. Besonders beliebt ist allerdings die Verwendung der Früchte. Anissamen eignen sich zum Würzen von Suppen, Saucen und Currygerichten und sind Bestandteil verschiedener Backrezepte, Teemischungen und Kräuterspirituosen (Ouzo, Pernod). Das ätherische Öl ist Rohstoff bei der Herstellung von Mundwässern. Obwohl die schleim- und krampflösende Wirkung der Anisfrüchte allgemein anerkannt ist, werden sie in der modernen Kräuterheilkunde nur noch selten verwendet. Als wirksam gilt Anis nach wie vor bei Entzündungen der Atemwege und bei Verdauungsproblemen. Doch Vorsicht: Gelegentlich können allergische Reaktionen der Schleimhäute auftreten.

An der Basis hat Anis rundliche, an den Blütenständen teilweise mehrfach gefiederte Blätter.

Anistinktur

- *30 g gestoßener Anis*
- *30 g gestoßener Fenchel*
- *etwas Zucker*
- *1 unbehandelte Zitronenschale*
- *1 l Branntwein*

Anis, Fenchel, Zucker und Zitronenschale mit dem Branntwein ansetzen und 20 Tage ziehen lassen. Bei Magenschwäche, Appetitlosigkeit und Blähungen wird mehrmals am Tag ein Gläschen davon getrunken.

Anismilch

Ein Teelöffel Anissamen im Mörser zerkleinern und in einen Viertelliter kochende Milch geben. Zehn Minuten ziehen lassen, abseihen und in kleinen Schlucken trinken. Anismilch hilft gegen Erkältungen.

Pulmonaria officinalis · Echtes Lungenkraut

Erste Erwähnung des Echte Lungenkraut finden wir in den großen Schriften Causae et Curae und Physica der Hildegard von Bingen. Sie nannte die Pflanze Lungwurtz und nutzte sie zur Behandlung von schweren Lungenerkrankungen.

Das Echte oder auch Gefleckte Lungenkraut ist eine mehrjährige Waldpflanze aus der Familie der Raublattgewächse und in ganz Europa weitverbreitet. Sie treibt im zeitigen Frühjahr, wächst buschig und wird zehn bis 40 Zentimeter hoch. Besonders auffällig sind die ei- oder herzeiförmigen, hellgrünen, borstig behaarten Grundblätter mit ihren markanten hellen Flecken. Die Blüten erscheinen von März bis Mai, stehen in Doldentrauben und sind zunächst hellrot, später blauviolett. Als Frühlingsblüher unserer Laubwälder zieht sich das Kraut schon bald nach der Blüte zurück, sobald der Wald ein geschlossenes Blätterdach hat.

Denn durch die Kunst der Chiromantie, Physiognomie und Magie ist es möglich, gleich von Stund an nach dem äusseren Ansehen eines jeden Krautes und einer jeden Wurzel Eigenschaft und Tugend zu erkennen, an deren Zeichen (Signatis), Gestalt, Form und Farbe und es bedarf sonst keiner Probe oder langen Erfahrung, denn Gott hat am Anfang alle Dinge sorgfältig unterschieden und keinem eine Gestalt und Form wie dem anderen gegeben, sondern jedem eine Schelle angehängt, wie man sagt: ‚Man erkennt den Narren an der Schelle'.

PARACELSUS

Aus alten Zeiten

Es ist nicht bekannt, ob die Heilkraft des Lungenkrauts schon unseren Vorfahren, den Kelten und Germanen, bekannt war. In den antiken Kräuterbüchern der Griechen und Römer wird es nicht erwähnt. Erste schriftliche Erwähnungen des Lungenkrautes finden wir in den Schriften der Hildegard von Bingen. Sie empfahl die Anwendung des Krautes bei schweren Lungerkrankungen und interessanterweise auch zur Unterdrückung des Sexualtriebes. Beide Anwendungsmöglichkeiten erscheinen heute als nicht sinnvoll. In der Pflanzensymbolik zählte das Lungenkraut zu den Marienpflanzen. Der Legende nach sollen die weißen Flecken auf den Grundblättern entstanden sein, als Marias Muttermilch beim Stillen des Jesuskindes auf die Blätter tropfte. Den wirklichen Durchbruch als Heilpflanze verdankt das Lungenkraut der Signaturenlehre des Paracelsus. Und in der Tat, die weiße Fleckung der Grundblätter des Lungenkrautes ähnelt dem Bild der menschlichen Lungenflügel. Seitdem gilt Lungenkraut als Heilmittel der Atmungsorgane und wurde auch in den Kräuterbüchern der Renaissance beschrieben. Unsere Volksheilkunde verwendet die Pflanze in diesem Sinne bis heute.

Lungenkrauttee

Ein Esslöffel getrocknetes Lungenkraut wird drei Minuten in einem Viertelliter Wasser gekocht und jeweils vor und nach dem Essen getrunken.
Empfehlenswert ist es, jeweils eine Tagesration Tee zu kochen, die Kräuter im Wasser zu lassen und jeweils nur die Menge abzusieben, die gerade getrunken werden soll.
(nach Hildegard von Bingen)

Lungenkrautwein

Zwei bis drei Esslöffel getrocknetes Lungenkraut werden in einen Liter Weißwein gegeben, mehrere Minuten gekocht und anschließend abgesiebt. Wenn der Wein etwas abgekühlt ist, kommen drei Esslöffel Honig hinzu, der Sud wird verrührt und noch heiß in saubere Flaschen abgefüllt. Bei Bedarf wird von dem Wein jeweils ein Gläschen vor den Mahlzeiten getrunken.
(nach Hildegard von Bingen)

Anbauen und ernten

Lungenkraut ist als Frühlingsblüher in unseren Laubwäldern zu finden und kann dort auch gesammelt werden. Soll es im Garten wachsen, so benötigt es feuchte, nahrhafte, lehmige Böden und den Schatten von Gehölzen.
Die Vermehrung erfolgt durch die Aussaat im Frühjahr oder durch Teilung des Wurzelstockes im Herbst. Geerntet werden frische Blätter im Frühjahr oder oberirdische Pflanzenteile zur Blütezeit.

Verwenden und genießen

Noch heute verwendet die Volksheilkunde das getrocknete Kraut zur Herstellung von Tee oder Wein, der als Heilmittel bei Erkrankungen der Atmungsorgane hilft. Außerdem wird Lungenkraut bei Erkrankungen des Magen-Darm-Traktes, der Niere und der ableitenden Harnwege eingesetzt und ist Bestandteil zahlreicher Präparate gegen Entzündungen der Atemwege, Asthma und Grippe.

Besonders auffällig sind die blauen, teilweise rosafarbenen Blüten des Lungenkrautes.

Rosmarinus officinalis · Rosmarin

Im Altertum galt der Rosmarin als heilige Pflanze. Der Name bedeutet Tau, der zum Meer gehört. Die Legende sagt, dass Segler auf dem Mittelmeer schon die Nähe des Landes rochen, wohl wegen des vom Wind weit getragenen Duftes dieser Pflanze.

Rosmarin ist ein immergrüner, kleiner Strauch aus der Familie der Lippenblütengewächse. Seine Heimat ist der westliche Mittelmeerraum, jedoch wurde er schon früh bis Kleinasien verbreitet. Sein Wuchs ist dichtbuschig und der untere Bereich verholzend. Am Naturstandort wird Rosmarin bis zu zwei Meter hoch. Die dunkelgrünen, linaelischen Blätter haben eine ledrige Oberfläche und einen eingerollten Rand. Von März bis Juni erscheinen blassblaue Lippenblüten, die in Scheinquirlen stehen.

Rosmarin liebt es trocken und warm. Er findet daher im Hochbeet ideale Bedingungen.

Aus alten Zeiten

Rosmarin ist eine uralte Symbolpflanze des Mittelmeerraums. Die Legende sagt, Apollon habe dem Menschen den Rosmarin geschenkt, andere Quellen sagen Aphrodite. Im Altertum war Rosmarin in erster Linie Zier- und Räucherpflanze und ersetzte den teuren Weihrauch. Man sagte, der Duft des Rosmarins habe selbst zürnende Götter versöhnt, und schmückte ihre Statuen mit Rosmarinkränzen. Als Gewürz wurde Rosmarin wohl nicht verwendet, zumindest ist in den antiken Kochbüchern nichts dergleichen überliefert. Allerdings galt das Kraut, wie verschiedene Quellen berichten, als Abtreibungsmittel. Mit dem aufkommenden Christentum wurde der Rosmarinzweig rasch wichtiger Altarschmuck und später auch Tafelschmuck bei großen Festlichkeiten.

Bei uns wurde Rosmarin erstmals in den mittelalterlichen Klostergärten angebaut und galt als eines der wichtigsten verdauungsfördernden Gewürzen. Rosmarin wurde im *Capitulare de villis* erwähnt und später auch von Albertus Magnus als Heilpflanze beschrieben. Sowohl in der Klosterheilkunde wie auch in der Volksheilkunde war Rosmarin hochgeschätzt. Der Volksglaube sprach dem Rosmarin sehr unterschiedliche Bedeutung zu. Zum einen wurde er Verstorbenen auf das Grab gelegt und war Symbol der Hoffnung auf Wiederkehr. Außerdem war die Pflanze Fruchtbarkeitssymbol und Bestandteil des Brautschmuckes. Der Braut wurde ein Rosmarinkranz aufgesetzt, dessen Zweige nach der Feier als Orakelpflanze in den Garten gesetzt wurde. Wurzelte die Pflanze, galt das als Symbol für eine solide Ehe. Die immergrünen Zweige symbolisierten Beständigkeit, Fruchtbarkeit der Frau und die immer grünende Liebe.

Anbauen und ernten

Als mediterraner Halbstrauch bevorzugt Rosmarin magere, humose, durchlässige Böden in sonniger und warmer Lage. Viele Sorten gelten bei uns als nicht winterhart, bei ihnen empfiehlt sich die Topfkultur. Rosmarin wird durch Stecklinge im Sommer vermehrt und wird viele Jahre alt. Während des Wachstums wird er regelmäßig gegossen und gelegentlich gedüngt, Staunässe ist unbedingt zu vermeiden. Freilandkulturen leiden besonders unter Kahlfrösten und müssen dick abgedeckt werden. Töpfe werden hell und kühl überwintert. Bei Bedarf können jederzeit Blätter und Zweigspitzen geerntet werden, für die Vorratshaltung zum Trocknen eignet sich der Sommerschnitt.

Verwenden und genießen

In der Pflanzenheilkunde nimmt Rosmarin auch heute noch eine bedeutende Stellung ein. Er wirkt blutdrucksteigernd, kreislaufstimulierend, verdauungsfördernd und ist häufig in appetitanregenden Teemischungen enthalten. Das ätherische Öl ist Bestandteil von schmerzstillenden Einreibungen und wird als Badezusatz und als Mittel gegen Ohnmachtsanfälle, Migräne und

Im Laufe der Jahre wird aus dem Rosmarin ein echter Strauch mit krautigem Austrieb.

Kopfschmerzen empfohlen. In der Küche ist Rosmarin ist ein intensives Gewürz, das gern zu mediterranen Gerichten verwendet wird. Das intensive Aroma passt gut zu Fleisch, Fisch, Geflügel, Gemüse und Suppen. Rosmarinzweige werden zur Herstellung von Würzölen und Kräuterlikören genutzt. Doch Vorsicht: Das Berühren der Pflanze kann Kontaktallergien auslösen. Rosmarinöl darf nicht während der Schwangerschaft angewendet werden.

Ruta graveolens · Wein-Raute

Die heil- und zauberkräftige Wein-Raute wurde schon in der Bibel beschrieben. Wahrscheinlich hat man das Kraut bereits in der Antike als Gewürz und gegen zahlreiche Krankheiten eingesetzt. Als Zauberpflanze diente die Wein-Raute der Abwehr von Dämonen.

Die Wein-Raute ist ein mediterraner Halbstrauch aus der Familie der Rautengewächse. Sie wächst buschig, verholzt im unteren Bereich und wird 40 bis 60 Zentimeter hoch. Die gefiederten, ledrigen, blaugrauen Blätter duften intensiv. Im Juni wachsen dekorative Trugdolden mit gelben Einzelblüten. Nach der Blüte erscheinen attraktive Fruchtstände mit Kapseln, die sehr lange an der Pflanze halten.

Die feine Pflanzengestalt und der ihr eigene Duft machten sie zum Zauberkraut.

Aus alten Zeiten

Die Wein-Raute zählte zu den Kräutern, von denen, laut Bibel, die Pharisäer den Zehnten nahmen, was für die Wertschätzung der Pflanze spricht. Schon in der Antike galt sie als Universalheilmittel und man sagte, sie wirke gegen Geister und Teufel und schütze vor dem bösen Blick. Außerdem diente die Pflanze der Erhaltung des Augenlichtes. In römischen Gärten wurde der Halbstrauch zur Einfassung von Beeten verwendet. Sein Duft hielt Schädlinge und böse Geister fern und die Blätter waren ein beliebtes Küchengewürz. Aus dem Apicius-Kochbuch kennen wir die Blätter als Gewürz, das vielfach zur Zubereitung von Geflügel, Fisch, Hülsenfrüchten und Wein verwendet wurde. Als Heilmittel sollte die Wein-Raute bei Ohrenschmerzen ebenso helfen wie bei Wurmbefall oder Vergiftungen. Dioskurides beschrieb das Kraut auch als Mittel, Männer impotent und Frauen unfruchtbar zu machen. Wein-Raute war im *Capitulare de villis* gelistet und galt als ein wichtiges Kraut der mittelalterlichen Heilkunde. Walahfrid Strabo berichtete von der Pflanze und Paracelsus empfahl die Wein-Raute, wie Dioskurides, gegen Husten, Kopf- und Ohrenschmerzen.

Mönche, die ihr Keuschheitsgebot halten wollten, tranken Rautenwein zur Unterdrückung der Triebe. Das Kraut galt auch als wirksamer Schutz gegen die Pest. Dies ist wohl der Grund, warum die Pflanze über viele Jahrhunderte in jedem Haus- und Kräutergarten angebaut wurde. Berühmt wurde sie als Bestandteil des Pestessigs, eines Arzneimittels, das während der Pestepedemien vor Ansteckung schützen sollte.

Anbauen und ernten

Die Wein-Raute bevorzugt durchlässige, magere Böden an einem warmen, sonnigen Standort. Sie wird durch Aussaat mit Vorkultur im Frühjahr durch Stecklinge oder durch Teilung der alten Pflanzen im Herbst vermehrt. Die Jungpflanzen werden in einem Abstand von 30 × 40 Zentimetern gepflanzt und verbleiben über viele Jahre am Standort. Der regelmäßige Rückschnitt im Frühjahr sorgt für stets kompakte Pflanzen. Vor der Blüte werden die Blätter frisch verwendet, die reifen Samen können den ganzen Sommer übergeerntet werden.

Diesen schattigen Hain ziert dunkelfarbiger Raute grünend Gebüsch. Ihre Blätter sind klein, und so streut sie wie Schirmchen Kurz ihren Schatten nur hin. Sie sendet das Wehen des Windes durch und die Strahlen Apolls bis tief zu den untersten Stengeln. Rührt man leicht sie nur an, so verbreitet sie starke Gerüche. Kräftig vermag sie zu wirken, mit vielfacher Heilkraft versehen, So, wie man sagt, bekämpft sie besonders verborgene Gifte, reinigt den Körper von Säften, die ihn verderblich befallen.

WALAHFRID STRABO:
DE CULTURA HORTORUM

Mit ihren leuchtend gelben Blüten darf die Wein-Raute in keinem Kräutergarten fehlen.

Verwenden und genießen

Als Heilpflanze hat die Wein-Raute heute ihre Bedeutung weitestgehend verloren. Das ätherische Öl, gewonnen aus Blättern und Samen, ist in der Naturheilkunde noch gelegentlich Bestandteil von Mitteln gegen Rheuma und Gicht. In der Küche dosiert man die intensiv schmeckende Wein-Raute nur sehr sparsam. Bei übermäßigem Genuss kann das ätherische Öl die Magenschleimhäute reizen. Vorsichtig angewendet, passen die Blätter gut zu Salat, Fleisch und Fisch. Wegen ihrer verdauungsfördernden Wirkung wird Wein-Raute als Rohstoff für Kräuterlikör verwendet und ist Zusatz des italienischen Grappas. Vorsicht: Frische Pflanzenteile wirken fototoxisch. Das Berühren der Blätter kann in Kombination mit Sonnenlicht Hautjucken und Ausschlag hervorrufen.

Salvia officinalis · Echter Salbei

Wohl kein Kraut wurde über Jahrtausende als Heilpflanze so sehr geschätzt! Zuerst in Griechenland in Kultur genommen, erlangte er später vor allem im römischen Reich großes Ansehen. Der Gattungsname leitet sich vom lateinischen salvare, heilen, ab.

Der Echte Salbei stammt ursprünglich aus dem Mittelmeerraum. Er wächst breitbuschig mit graugrünen, behaarten Blättern, verholzt im unteren Bereich (Halbstrauch) und wird 40 bis 60 Zentimeter hoch. Von Juni bis August erscheinen hellviolettblaue Lippenblüten.

Aus alten Zeiten

Seinen betörenden Duft soll der Salbei angeblich von der Göttin Aphrodite erhalten haben. Griechische Philosophieschüler kauten Salbeiblätter zur Erlangung von Weisheit

Salbei mag trockenen, steinigen Boden und wächst gerne auf der Kräuterspirale.

und Erkenntnis sowie zur Erfrischung des Geistes. Große Ärzte der Antike wie Hippokrates, Plinius oder Dioskurides schätzten die Pflanze wegen ihrer blutstillenden, menstruationsfördernden und harntreibenden Wirkung. Für die Römer war der Salbei ein Geschenk der Götter und galt als Allheilmittel. Sie waren es wohl auch, die den Salbei nach Mitteleuropa gebracht haben. Er wurde Bestandteil des *Capitulare de villis* und durfte in keinem Klostergarten des Mittelalters fehlen. Bald galt er auch hier als Universalheilpflanze. Hildegard von Bingen nutzte die Pflanze zur Desinfektion des Mundraumes, gegen Kopfschmerzen und Schlaflosigkeit. Hieronymus Bock sprach vom Salbei ehrfürchtig als „*heilige Ratgeberin der Natur*". Aus der medizinischen Schule in Salerno ist folgender Satz überliefert: „*Warum sollte ein Mensch sterben, in dessen Garten Salbei wächst.*" Auch die Kräuterbuchautoren des 17. Jahrhunderts schätzten die Wirkung des Salbeis und empfahlen ihn für ähnliche Zwecke wie heute. Salbeiblätter waren über Jahrhunderte Mittel der Zahnpflege. Die Zähne wurden mit den rauen Blättern abgerieben und das dabei austretende Salbeiöl wirkte desinfizierend. Natürlich wurde solch einer Pflanze auch magische Wirkung zugeschrieben und sie fand Einzug in den Volksglauben. Salbei sollte vor Fieber und Dämonen schützen

Leuchtend blühet Salbei ganz vorn am Eingang des Gartens, süss von Geruch, voll wirkender Kräfte und heilsam zu trinken. Manche Gebresten der Menschen zu heilen, erwies sie sich nützlich. Ewig in grünender Jugend zu stehen hat sie sich verdient. Aber sie trägt verderblichen Zwist in sich selbst: denn der Blumen Nachwuchs, hemmt man ihn nicht, vernichtet grausam den Stammtrieb, lässt gierigem Neid die alten Zweige ersterben.
WALAHFRID STRABO: HORTULUS

und auch den Liebeszauber unterstützen. In England und Frankreich glaubte man, dass der Salbei unsterblich machen könnte.

Anbauen und ernten

Zum gesunden Wachstum benötigt der Echte Salbei durchlässige, kalkhaltige Böden in sonniger, warmer Lage. Die Vermehrung erfolgt durch Aussaat im Frühjahr oder durch Stecklinge im Sommer. Bei beiden Methoden ist die Vorkultur im Topf sinnvoll. Salbei wird in Abständen von 30 bis 40 Zentimetern gepflanzt und kann mehrere Jahre am Standort verweilen. Wichtig ist zu beachten, dass gerade ältere Pflanzen in rauen Lagen etwas Winterschutz benötigen. Geerntet werden junge Blätter oder krautige Triebspitzen kurz vor der Blüte. Salbeiblätter können frisch verwendet oder auch getrocknet werden.

Verwenden und genießen

Salbeitee wirkt entzündungshemmend und krampflösend und wird bei Durchfall, Blähungen und erhöhtem Nachtschweiß getrunken. Salbeitee ist ein geschätztes Gurgelmittel bei Zahnfleischbluten, Rachen- und Mundschleimhautentzündungen und wirkt bei Erkältungen oder Entzündungen im Magen-Darm-Bereich. Doch Vorsicht: Salbeitee ist nicht für den Dauergebrauch geeignet. Aus der italienischen Küche kennen wir Salbei auch als Gewürz, z. B. für Saltimbocca. Wegen ihres leicht bitteren, dominanten Geschmackes werden die Blätter gern zum Würzen von Fleisch- und Fischgerichten, Suppen, Schinken und Käse verwendet.

Salbei – ein Geschenk der Götter

Salvia sclarea · Muskateller-Salbei

Wegen seiner stattlichen Erscheinung und seines intensiven Duftes wurde der Muskateller-Salbei schon in der Antike geschätzt. Auch die entspannende Wirkung auf das Nervensystem war schon damals bekannt.

Der Muskateller-Salbei ist ein stattliches, zweijähriges Kraut, das ursprünglich nur im Mittelmeergebiet anzutreffen war. Bei uns ist die Pflanze in Gärten zu finden, aus denen sie, besonders in Weinanbaugebieten, gelegentlich auch verwildert. Aus den fleischigen Pfahlwurzeln wächst im ersten Jahr lediglich eine Blattrosette mit graugrünen, runzeligen, anfangs behaarten, breit eiförmigen Blättern. Im Sommer des zweiten Jahres entwickelt sich der stattliche, 100 bis 150 Zentimeter hohe Blütenstand mit seinen attraktiven, hellviolettfarbenen Lippenblüten, die in Ähren stehen.

Aus alten Zeiten

Wahrscheinlich war der Muskateller-Salbei schon in der Antike als Heilkraut bekannt. Sein Artname *sclarea* leitet sich von *clarus*, rein, ab – wohl ein Hinweis auf die Verwendung der Pflanze zum Reinigen der Augen. In der Tat wurden die Samen der Pflanze unter das Augenlid gesteckt, um durch ihren austretenden Schleim Fremdkörper aus dem Auge zu entfernen. Auch die entspannende Wirkung des ätherischen Öles ist schon lange bekannt. Muskateller-Salbei wurde zum Räuchern und auch als Badezusatz verwendet. Bei höherer Dosierung kam es zu Rauschzuständen und dem Muskateller-Salbei wurde eine aphrodisierende Wirkung nachgesagt.

Im Mittelalter wurde die wärmeliebende Pflanze bei uns zunächst in Weinbaugebieten angesiedelt. Der Anbau wurde im *Capitulare de villis* befohlen und auch Walahfrid Strabo berichtete von der würzig duftenden Pflanze. Wein und wohl auch Bier wurden mit dem ätherischen Öl der Pflanze gewürzt, was nicht nur den Geschmack verfeinerte und die Farbe der Getränke schönte, sondern auch seine Rauschwirkung erhöhte. Hildegard von Bingen empfahl das Kraut bei Vergiftungen, schwachem Magen und gegen Kopfschmerzen. In der Volksheilkunde kannte man ein einfaches Mittel gegen Fieber: Die großen Blätter wurden einfach auf die Pulsadern gebunden.

Und wessen Magen so schwach ist, dass er von Speisen leicht eitrig ist, der nehme Muskateller-Salbei und zu deren dritten Teil Polei und von Fenchel so viel wie der dritte Teil der Polei (ist), und dies koche er gleichzeitig in gutem Wein, unter Beigabe von etwas Honig, und er seihe es durch ein Tuch, und trinke es oft nach dem Essen und gegen Nacht; sein Magen wird angenehm geheilt oder gereinigt werden.

NACH HILDEGARD VON BINGEN

Anbauen und ernten

Muskateller-Salbei bevorzugt einen warmen, sonnigen Standort und nahrhafte, durchlässige, kalkhaltige Böden. Die Aussaat der zweijährigen Pflanze erfolgt von Frühjahr bis Sommer direkt in das Freiland. Die jungen Pflanzen werden auf einen Abstand von etwa 30 Zentimetern vereinzelt und kommen im zweiten Jahr zur Blüte. Im Frühjahr oder Sommer des zweiten Jahres können junge Blätter und Blüten geerntet werden. Einmal im Garten angesiedelt, breitet sich Muskateller-Salbei durch Selbstaussaat weiter aus und muss häufig auch reduziert werden.

Verwenden und genießen

Die Volksheilkunde verwendet getrocknete Blätter und Blüten als Tee gegen Blähungen, Koliken, Durchfall, Magenschmerzen und Schweißausbrüche. In stärkerer Konzentration hilft der Tee als Umschlag bei kleinen Wunden. Doch Vorsicht: Wegen der leicht berauschenden Wirkung der ätherischen Öle dürfen Tees nicht über einen längeren Zeitraum angewendet werden. Muskateller-Salbei wird heute in erster Linie zur Gewinnung von ätherischem Öl angebaut. Das Öl wirkt entspannend und beruhigend und wird zur Aromatherapie oder als Badezusatz verwendet. Außerdem wirkt es wehenfördernd und krampflösend und wird bei Menstruationsbeschwerden wie auch bei Blähungen und Magen- und Darmbeschwerden angewendet.

Die Kosmetikindustrie nutzt das ätherische Öl als Duftstoff für die Herstellung von Seifen und Parfüms. In der Küche werden die Blüten zum Würzen von Speisen und als Beigabe zu Säften und Desserts verwendet.

Der Muskateller-Salbei ist mit seinen riesigen Blütenständen und seinem einzigartigen Duft der König jedes Kräutergartens.

Satureja hortensis · Sommer-Bohnenkraut

Das Bohnenkraut galt als ausgezeichnetes Aphrodisiakum und wurde zur Herstellung von liebesfördernden Speisen und Getränken verwendet. Besonders bekannt wurde der Wein der Kleopatra.

Das Sommer-Bohnenkraut ist ein einjähriges, buschig wachsendes Kraut aus der Familie der Lippenblütengewächse und stammt ursprünglich aus dem östlichen Mittelmeerraum. Die Blütenstiele stehen straff aufrecht, sind stark verzweigt und werden bis 40 Zentimeter hoch. Die aromatischen, behaarten Blätter haben eine schmal lanzettliche Form.

Aus alten Zeiten

In der Antike war das Bohnenkraut ein beliebtes Gewürz und Aphrodisiakum. Die Griechen gaben sich gern dem Genuss hin und huldigten dem Kult des Dionysos, dem Gott des Weines, der Freude, der Fruchtbarkeit und Ekstase. Dieser brachte aus seiner asiatischen Heimat einen Wein mit, der uns als „Blut der Erde“ bekannt wurde. Dieser Würzwein enthielt zahlreiche Kräuter, vermutlich auch Bohnenkraut, und hatte liebesfördernde Wirkung. Auch die Römer bauten das Kraut in ihren Gärten an und gaben ihm seinen Namen, *hortensis.* Neben der Würzkraft schätzten sie vor allem seine verdauungsfördernde Wirkung bei fetten und blähenden Speisen. Bei uns ist das Bohnenkraut seit dem 9. Jahrhundert bekannt, Benediktinermönche brachten es über die Alpen und kultivierten es in ihren Klostergärten. In der Klosterheilkunde wurde es bei Magen- und Darmbeschwerden sowie Gicht und Nasenbluten eingesetzt. Bald wurde den Mönchen der Genuss der Pflanze verboten. Bohnenkraut stand im Verdacht, den unterdrückten Sexualtrieb der Mönche zu wecken. Im *Capitulare de villis* wurde es unter dem Namen Pfefferkraut gelistet und bald auch in unseren Haus- und Bauerngärten angebaut. Wegen seines scharfwürzigen Geschmackes war das Bohnenkraut der perfekte Ersatz für den damals ungemein teuren Pfeffer und wurde zum Würzen von Suppen und Wurst verwendet. Die ersten europäischen Auswanderer nahmen das Kraut mit nach Amerika und im Gegenzug wurden Grüne Bohnen, die nachweislich schon seit 4000 v. Chr. in Mexiko angebaut wurden, nach Europa eingeführt. Erst jetzt wurde das Bohnenkraut zur Bohnenwürze und bekam seinen heutigen Namen. Der Volksglauben kannte das Bohnenkraut wegen seiner aphrodisierenden Wirkung lange Zeit als Pflanze des Glücks.

Anbauen und ernten

Das Bohnenkraut mag nährstoffreiche, kalkhaltige, durchlässige, leichte Böden und sonnige, warme Lagen. Die Aussaat erfolgt im Frühjahr (Lichtkeimer!), wenn der Boden bereits erwärmt ist. Praktisch: Bohnenkraut wächst besonders gut in der Nachbarschaft von Bohnen. Frische Blättchen können während des ganzen Sommers geerntet werden. Zum Trocknen schneidet man während der Blüte das ganze Kraut.

Verwenden und genießen

Bohnenkraut enthält ein intensiv duftendes ätherisches Öl und wird in der Volksheilkunde gern als Tee zur Steigerung des Appetits, gegen Blähungen, bei Entzündungen und auch zur Förderung der Verdauung eingesetzt. Der Tee hilft auch bei Husten und Verschleimungen der Atemwege und wurde früher oft zum Ansetzen von Heilbädern verwendet. Auch in der Küche darf das Kraut nicht fehlen. Was wären Bohnengerichte ohne dieses aromatische Kraut? Auch andere schwer verdauliche Speisen werden dank der verdauungsfördernden Eigenschaften des Krautes viel verträglicher. So nutzt die Volksküche das Bohnenkraut als Gewürz für Kartoffelgerichte, Braten und Eintöpfe. Damit das Kraut seine Wirkung voll entfalten kann, muss es lange mitgekocht werden. Besonders beliebt ist die Verwendung der frischen Triebe zum Aromatisieren von Essig und Öl.

Frisches Bohnenkraut – die Krönung jedes Bohnengerichtes

Stachys officinalis (syn. *Betonica officinalis*) · Echter Ziest

Der Echte Ziest genoss bereits im Altertum hohes Ansehen. Antonius Musa, der Leibarzt von Kaiser Augustus, stellte die Pflanze als Allheilmittel dar und sprach ihr die Kraft zu, nicht weniger als 47 Krankheiten heilen zu können.

Der mehrjährige Lippenblütler ist in lichten Wäldern und auf Wiesen in ganz Europa zu Hause. Sein Wuchs ist horstig, die Blütenstiele wachsen aufrecht und werden 30 bis 50 Zentimeter hoch. Die grünen Blätter sind lanzettlich und gekerbt. Von Juli bis August erscheinen die in Scheinähren stehenden purpurrosa- bis lilafarbenen Lippenblüten.

Aus alten Zeiten

Der Gattungsname *Stachys* (Ähre) bezieht sich auf den Blütenstand und der Artname *officinalis* weist auf die Verwendung des Krautes als Heilpflanze hin. In Ägypten, Griechenland und Rom genoss der Ziest hohes Ansehen als Allheilmittel und wurde bei fast jeder Krankheit eingesetzt. Die Griechen sagten: „*Verkaufe Deinen Mantel und kaufe dafür Ziest.*" Dieser Satz zeugt von dem ehemals hohen Stellenwert des Krautes. In diesen alten Zeiten galten stets böse Geister und Dämonen als Verursacher von Krankheiten und mussten bekämpft werden, damit sie dem Menschen nicht schaden konnten. Zur Reinigung der Häuser wurde häufig mit Ziest geräuchert und Plinius der Ältere befand, dass ein Haus, in dem Ziestessig oder Ziestwein vorhanden sei, vor Unglück geschützt wäre. Die Gladiatoren Roms nutzten die Pflanze als Amulett, das sie vor Verletzungen bewahren sollte. Auch im Mittelalter war der Ziest eine beliebte Heilpflanze und wurde in den Klostergärten angebaut: Man glaubte, Ziest habe die Kraft, böse Geister und Visionen zu vertreiben. Walahfrid Strabo beschreibt die Pflanze unter dem Namen *Vettonica* und dass sie in der freien Natur in „*köstlicher Fülle*" wachse. Er ließ sie dennoch in seinem Garten anbauen und empfahl sie gegen „*jede Not, die den Körper innerlich angreift.*" Außerdem kannte er wohl auch ihre wundheilende Wirkung. Doch das Ziestkraut konnte noch mehr. Kinder, von denen man annahm, sie seien vom Bösen besetzt, wurden mit Ziest-Tee gewaschen und bei Muskelkrämpfen verfuhr man ebenso. Um bösen Geistern den

… wer von falschen Träumen geplagt wird, der habe Betonienkraut bei sich, wenn er abends schlafen geht und wenn er schläft, und er wird weniger falsche Träume sehen … wenn eine Frau zu unrechter Zeit an zu starkem Monatsfluss leidet, lege sie Betonienkraut in Wein, damit er davon Geschmack annehme, und sie trinke oft und sie wird geheilt werden …

HILDEGARD VON BINGEN

Auf dem richtigen Boden blüht Ziest überreich und erfreut uns mit seinen schönen Farben. Die in Scheinähren stehenden Lippenblüten sind ein Magnet für viele Insekten.

Zutritt in das Haus zu verwehren, wurde das Kraut unter der Türschwelle vergraben.

Anbauen und ernten

Echter Ziest bevorzugt frische bis feuchte, schwach saure Böden mit eher geringem Nährstoffgehalt und wächst in sonnigen bis halbschattigen Lagen. Die Vermehrung erfolgt durch die Aussaat im Frühjahr oder die Wurzelteilung im Herbst. Die Pflanze ist pflegeleicht und sehr anspruchslos. Ein Rückschnitt nach der Blüte ist sinnvoll, um die allzu starke Verbreitung durch Selbstaussaat zu verhindern. Geerntet werden Blätter und blühende Sprossspitzen im Sommer.

Verwenden und genießen

Heute ist Ziest eine Pflanze der Volksheilkunde und wird gern zur Behandlung von Durchfall, Verdauungsstörungen und Entzündungen der Atemwege verwendet.
Der Tee stärkt das Nervensystem und hilft gegen stressbedingte Kopfschmerzen. Er regt die Durchblutung des Gehirns an und kann auch Migräne etwas lindern.
Doch Vorsicht: Bei Überdosierung ruft Ziest Brechreiz hervor und kann stark abführend wirken.
Der Ziestaufguss kann zum Gurgeln bei Mundgeschwüren und Zahnfleischentzündungen verwendet werden und Kompressen fördern die Wundheilung. Homöopathische Zubereitungen werden aus frischen blühenden Pflanzen zubereitet und helfen bei Schwächezuständen.
Die frische Pflanze liefert einen gelben Farbstoff und wird nach wie vor zum Färben von Wolle verwendet.

Symphytum officinale · Gemeiner Beinwell

Schon Dioskurides nutzte Beinwell zur Behandlung von Knochenbrüchen und so ist es kein Wunder, dass der Name auf das griechische symphyein, zusammenwachsen, zurückzuführen ist. Auch der deutsche Name weist auf seine Verwendung hin.

Der Beinwell ist eine mehrjährige Pflanze aus der Familie der Raublattgewächse und wächst in den gemäßigten Zonen auf nassen Wiesen und an Gräben. Die Pflanze treibt Ausläufer, wächst buschig und wird 90 bis 100 Zentimeter hoch. Aus der fleischigen Pfahlwurzel treiben zunächst Blattrosetten mit den typischen Blättern. Sie sind groß, lanzettlich, borstig behaart und dunkelgrün. Im Sommer erscheinen die hübschen rotviolettfarbenen oder weißen Röhrenblüten, die in aufrechten Trauben stehen.

Am richtigen Standort entwickelt sich Beinwell zu einer prächtigen Staude.

Historisches

Die Wirkung des Beinwells wurde bereits in der Antike geschätzt. Der früheste uns bekannte Bericht über die Heilkraft der Pflanze stammt von Dioskurides aus dem 1. Jahrhundert nach Christus. Der berühmte Militärarzt beschrieb den Beinwell in seinem Buch *De Materia Medica libri* und empfahl Wurzelumschläge zur Heilung von Wunden, Verletzungen und Knochenbrüchen. Er schreibt auch, dass die Wurzeln, fein gestoßen und getrunken, hilfreich gegen innere Blutungen und Abszesse seien, eine Anwendung, von der heute jedoch wegen der giftigen Inhaltsstoffe der Pflanze dringend abzuraten ist.
In unserem Kulturkreis ist die Pflanze eng mit der Heilkunde der Hildegard von Bingen verbunden. Sie nannte die Pflanze *Consolida* und empfahl sie ebenfalls zur Heilung von Wunden und Knochenbrüchen. Allerdings war sich Hildegard schon der Giftigkeit der Pflanze bewusst und warnte vor der innerlichen Anwendung des Krautes. Auch die Kräuterbuchautoren des Mittelalters und der Renaissance lobten die Heilwirkung des Beinwells. So empfiehlt Lonicerus in seinem Kräuterbuch den Beinwell zur Behandlung von Wunden und Brüchen, aber auch gegen Blutspeien, übermäßige Menstruation, als Hustenlöser und zum Zerteilen geronnenen

Beinwellsalbe

- *500 g Beinwellwurzeln*
- *70 g Lanolin*
- *½ l Olivenöl*
- *20 g Bienenwachs*

Die Wurzeln werden sauber gewaschen und klein geschnitten. Anschließend wird das Lanolin in einem Topf bei schwacher Hitze zum Schmelzen gebracht und mit dem Olivenöl verrührt. Dann werden die Wurzeln untergerührt und müssen etwa 20 Minuten sieden, ohne zu kochen. Anschließend wird der Sud abgesiebt, mit dem flüssigen Bienenwachs verrührt und in Salbentöpfchen abgefüllt.

Blutes. Matthiolus fügt in seinem *Neuen Kräuterbuch* noch die äußerliche Anwendung gegen Hämorrhoiden und Geschlechtskrankheiten hinzu. Bald darauf gerieten die Kenntnisse um die heilenden Kräfte des Beinwells in Vergessenheit. Erst Anfang des 20. Jahrhunderts wurde seine Wirkung neu bestätigt.

Anbauen und ernten

Zum gesunden Wachstum bevorzugt Beinwell feuchte bis sehr feuchte Böden mit hohem bis sehr hohem Nährstoffgehalt in sonniger bis halbschattiger Lage. Die Vermehrung erfolgt durch Aussaat im Frühjahr oder Wurzelteilung im Herbst. Während der Kultur muss regelmäßig gewässert und gedüngt werden. Der vollständige Rückschnitt erfolgt im Frühjahr oder Herbst. Im Frühjahr, vor der Blüte, können die frischen Blätter geerntet werden und die Wurzeln im Herbst.

Verwenden und genießen

Beinwellzubereitungen wirken entzündungshemmend, wundheilungsfördernd und reizmildernd. Umschlagpasten und Salben werden zur Behandlung von Sportverletzungen (Blutergüsse, Prellungen, Verstauchungen), Knochenhauterkrankungen, Venenentzündungen und rheumatischen Gelenkerkrankungen angewendet. Auch die Volksheilkunde schätzte den Beinwell sehr und nutzte Umschläge noch bei schlecht heilenden Wunden, offenen Beinen und Geschwüren. Doch Vorsicht: Die Pflanze ist schwach giftig, auf die innerliche Anwendung muss verzichtet werden. Äußerlich darf Beinwell heute nur noch bei intakter Haut angewendet werden.

Besondere Kennzeichen sind die großen, behaarten Blätter und der fleischige Wurzelstock.

Tanacetum parthenium
(syn. *Chrysanthemum parthenium*) ·

Mutterkraut

Im Mittelalter war das Mutterkraut unter dem Namen Metra in unseren Gärten weitverbreitet. Auch Hildegard von Bingen schwor auf seine Heilkraft. Später setzte sich die Verwendung der verwandten Kamille durch.

Mutterkraut ist eine 60 bis 80 Zentimeter hohe Staude aus der Familie der Korbblütengewächse. Ihre natürliche Heimat ist die Balkanhalbinsel und die Türkei. Die gefiederten Blätter sind grob gezähnt und stark aromatisch. Die Korbblüten der ungefüllten Form der Pflanze sind weiß, mit gelbem Auge, die Blüten der gefüllten Form weiß. Sie stehen in Doldenrispen und erscheinen von Juni bis August.

An seinen aromatischen, gefiederten Blättern ist Mutterkraut einfach zu erkennen.

Historisches

Das Mutterkraut gelangte vor etwa 2500 Jahren von Kleinasien nach Griechenland. Das Kraut wurde dort der Göttin Athene geweiht und seine Heilwirkung erstmals beschrieben, unter anderem von Dioskurides. Seither galten unterschiedlichste Zubereitungen der Pflanze als Medizin der Frauen. Mutterkraut wurde als frisches Kraut verwendet oder in Wein, Essig oder Öl gesotten. Es war Wehenmittel, förderte die Menstruation und den Wochenfluss nach der Geburt. Aber auch die Verwendung als fiebersenkendes Mittel und als Mittel gegen Wassersucht, Darmkrämpfe und Verdauungsbeschwerden war damals verbreitet. In der mittelalterlichen Heilkunde, besonders in der Zeit Hildegard von Bingens, wurde das Kraut gegen Gebärmutterleiden und erstmals auch gegen Kopfschmerzen und Melancholie eingesetzt. Mutterkraut wurde in vielen Gärten als Heil- und Zierpflanze angebaut und geriet später langsam in Vergessenheit. Heute finden wir verwilderte Pflanzen auf Schuttplätzen und an Bahndämmen.

Seine reiche Blüte machte das Mutterkraut auch zu einer beliebten Zierpflanze für Bauerngärten.

Anbauen und ernten

Mutterkraut ist eine äußerst genügsame Pflanze. Sie bevorzugt durchlässige Böden mit normalem bis hohem Nährstoffgehalt und einen sonnigen Standort. Die Aussaat erfolgt im Frühjahr in Töpfe oder direkt in das Beet. Die Pflanzen werden später vereinzelt und müssen während der Kultur ausreichend feucht gehalten und regelmäßig gedüngt werden. Am geeigneten Standort kann die Pflanze über mehrere Jahre wachsen. Nach dem Winter steht ein Rückschnitt an. Die Wildform neigt zur Selbstaussaat und sollte daher gleich nach der Blüte geschnitten werden. Geerntet werden Blätter und Blüten im Sommer.

Verwenden und genießen

Die Volksheilkunde verwendet den Tee innerlich bei Menstruationsbeschwerden und Verdauungsstörungen sowie äußerlich zur Wundheilung bei Quetschungen und Schwellungen. Neuerdings werden Extrakte der Pflanze zur vorbeugenden Migränebehandlung eingesetzt und sind als Antidepressiva im Gespräch.

Auch die Küche kennt das Mutterkraut. Frische Blätter werden auf Butterbrot gegessen und Blüten werden kurz übergebrüht und Salaten beigemengt. Doch es ist auch Vorsicht geboten: Die Berührung der Pflanze kann allergische Reaktionen auslösen, und Mutterkraut darf nicht während der Schwangerschaft verzehrt werden.

Weitere Art

Das auch unter dem Namen Frauenminze oder Marienblatt bekannte Balsamkraut (*Tanacetum balsamita*, syn. *Chrysanthemum balsamita*) war Bestandteil des *Capitulare de villis* und wurde erstmals von Walahfrid Strabo erwähnt: „*Kocht man die Wurzel, mit heilsamer Hilfe fördert sie träge Verdauung und regelt glücklich den Stuhlgang.*" Mit Sicherheit wurde das bitter schmeckende Balsamkraut seit dem 16. Jahrhundert unter dem Namen Balsamita gegen Krämpfe im Bauchraum, Würmer und zur Förderung der Menstruation eingesetzt und spielte noch im 19. Jahrhundert in der Volksheilkunde eine Rolle. Die minzig-aromatisch duftende Bauerngartenpflanze wurde bei Leber- und Gallenbeschwerden sowie bei Menstruationsstörungen angewendet.

Thymus vulgaris · Echter Thymian

Die Verwendung des Echten Thymians lässt sich bis zu den Sumerern in Mesopotamien zurückverfolgen. Der Name leitet sich aus dem griechischen Wort thymos ab und heißt so viel wie Mut, Kraft und Stärke. Das aromatische Kraut war ein Symbol für Tapferkeit.

Der Echte Thymian ist ein immergrüner Halbstrauch aus der Familie der Lippenblütengewächse und stammt aus dem Mittelmeerraum. Er bildet Polster, wird zehn bis 40 Zentimeter hoch und ist im unteren Bereich verholzend. Die kleinen dunkelgrünen Blätter sind rundlich bis eiförmig und unterseits filzig behaart. Im Juni erscheinen lilarosa bis weiße Lippenblüten, die in Ähren stehen.

Aus alten Zeiten

Thymian ist eine typische Pflanze des Mittelmeerraumes mit einer sehr langen Tradition. Schon Assyrer und Babylonier betrieben Anbau und Handel mit diesem Kraut. Die alten Ägypter schworen auf die Kraft des Thymians und nutzten die Pflanze, um Leichenharze zu parfümieren. Die griechische Mythologie besagt, dass es sich bei dieser Pflanze um die Tränen der schönen Helena handelt und sprach dem Thymian magische Kräfte zu. So wurde das Kraut häufig zum Räuchern in Tempeln verwendet, um die Umgebung atmosphärisch zu reinigen. Außerdem half es, übersinnliche Kräfte zu entwickeln. Griechen und Römern war aber auch die Heilkraft des Thymians bekannt, Hippokrates und auch Dioskurides erwähnten ihn häufig. Nach Dioskurides wurde er bei Asthma und Husten verwendet und fördert die Menstruation.

Dem Thymian wurde auch eine stimulierende und mutmachende Wirkung nachgesagt, so wurden den Kriegern vor der Schlacht Thymianbäder verordnet.
In der nordischen Mythologie spielte die Pflanze eine große Rolle: Sie war der Muttergöttin Freyja geweiht. Allerdings müssen wir davon ausgehen, dass dabei von dem einheimischen Sand-Tymian, dem Quendel (*Thymus serpyllum*) die Rede ist. Der Echte Thymian kam erst durch kräuterkundige Benediktinermönche nach Mitteleuropa und wurde zunächst nur in Kloster-, später auch in Bauerngärten angebaut. Mittelalterliche Kräuterbücher empfahlen Thymian bei Husten, Magen- und Darmproblemen und bei schlecht heilenden Wunden. Hildegard von Bingen rühmte die Heilkraft der Pflanze und meinte, Thymian stärke die Abwehrkräfte. Schon bald wurde das Kraut als „Antibiotikum für arme Leute“ bezeichnet. Im Mittelalter galt Thymian zudem als Rauschmittel und starkes Aphrodisiakum.
Auch im Volksglauben ist Thymian fest verankert: So sollten Kräutersträuße mit Thymian Haus und Hof schützen. Ritter trugen duftende Thymiansträuße im Knopfloch, wenn sie in den Kampf zogen, und reichten ihren Geliebten zum Abschied einen Zweig, um ihre Liebe auszudrücken und ihnen in guter Erinnerung zu bleiben.

Anbauen und ernten

Zum gesunden Wachstum benötigt Thymian durchlässige, kalkhaltige Böden in warmer, sonniger Lage. Die Pflanze wird in der Regel durch Aussaat, manchmal durch Stecklinge, vermehrt. Da die Jungpflanzen recht langsam wachsen, ist eine Vorkultur ab März unter Glas sinnvoll. Die Direktaussaat im Freiland kann nach den letzten Frösten im Mai erfolgen. Thymian bleibt über viele Jahre am gleichen Standort und benötigt mit zunehmendem Alter etwas Winterschutz.
Bei Bedarf können jederzeit frische Triebe und Blätter geerntet werden. Zum Anlegen von Wintervorräten schneidet man zur Blütezeit das ganze Kraut, bündelt und trocknet es.

Der heimische Sand-Thymian eignet sich mit seinem farbenfrohen Blütenteppich auch als Duftrasen.

Thymian ist ein echter Halbstrauch und neigt im unteren Bereich zum Verholzen.

Verwenden und genießen

Wegen seiner appetitanregenden, krampflösenden, verdauungsfördernden und desinfizierenden Wirkung nutzt die pharmazeutische Industrie Thymian häufig als Bestandteil von Erkältungstees, Hustenmitteln, Mundwässern, Salben und Badezusätzen. In der Volksheilkunde ist das Kraut noch immer sehr beliebt: Der Tee wird bei Bronchitis, Erkältung und Magenverstimmung empfohlen, aber auch zum Gurgeln bei Entzündungen im Mundraum und als durchblutungsfördernder Zusatz zum Badewasser gegeben.
Auch in der Küche ist Thymian in verschiedenen Arten und Sorten ein geschätztes Gewürz und wirkt verdauungsfördernd bei fetten Speisen. Er wird frisch oder getrocknet in kleinen Mengen zum Würzen von Fleisch- und Kartoffelgerichten, Suppen und Saucen verwendet. Um sein Aroma voll zu entfalten, muss Thymian lange mitgekocht werden. Das aromatische Kraut ist Rohstoff für verschiedene Kräuterlikörrezepturen.

Trigonella foenum-graecum ·

Griechischer Bockshornklee

In China gilt der Bockshornklee seit Jahrtausenden als eines der wichtigsten Heilkräuter und zählt in Indien, im Orient und in Ägypten zu den ältesten Kulturpflanzen. Bei uns wurde Bockshornklee erst im Mittelalter als Heilpflanze bekannt.

Bockshornklee, auch Griechisches Heu genannt, ist eine einjährige Pflanze aus der Familie der Schmetterlingsblütengewächse und heute vor allem im Mittelmeerraum zu finden. Aus einer ungewöhnlich starken Pfahlwurzel wachsen aufrechte bis niederliegende, im oberen Bereich verzweigte Triebe, die etwa 30 bis 60 Zentimeter hoch werden. Die Blätter sind dreizählig, die Blättchen elliptisch, ganzrandig und grün. Von Mai bis Juni erscheinen gelblich weiße Schmetterlingsblüten, die einzeln oder zu zweit in den Blattachseln stehen. Die langen, schmalen Hülsenfrüchte tragen große gelbe Samen in sich.

Markantes Kennzeichen des Bockshornklees sind die langen Hülsen, die die typischen, gelben, harten Samen enthalten.

Aus alten Zeiten

Der Bockshornklee war schon früh als Kulturpflanze weitverbreitet. Seine historische Bedeutung konnte durch viele Samenfunde bei archäologischen Ausgrabungen im Nahen Osten, im östlichen Mittelmeerraum und in Indien belegt werden. Auch in China hat Bockshornklee als Heilpflanze eine große Vergangenheit und galt schon vor fast 6000 Jahren als die beste schleimlösende Pflanze. Arabische Ärzte empfahlen Abkochungen aus Bockshornkleesamen als Haarpflegemittel, und in Indien wurden die Samen als Gewürz, Beruhigungsmittel und Aphrodisiakum verwendet. Die alten Ägypter nutzten Bockshornkleesamen zu Heilzwecken, aber auch für religiöse Handlungen. Die Pflanze war Apis, dem Schwarzen Stier, geweiht. Frische Triebe wurden

als Gemüse gegessen und die Samen zur Einleitung der Geburt verabreicht.
Lange bekannt war Bockshornklee auch in Griechenland und bei den Römern. Im antiken Griechenland wurde er Philosophenklee genannt, da die Philosophen zur Klärung des Geistes die Samen zu kauen pflegten. Auch damals galt Bockshornklee als heilkräftig. In den Schriften des Hippokrates wird Bockshornkleemehl in erster Linie als Schleimlöser beschrieben, und Dioskurides empfahl Bockshornkleesamen gegen alle möglichen Frauenleiden wie Entzündungen der Gebärmutter und der Scheide. Es waren vermutlich die Römer, die den Bockshornklee über die Alpen brachten. Karl der Große hat ihn als Futtermittel eingeführt und ließ ihn auf seinen Gütern anbauen. Wegen seiner außerordentlichen Heilkraft wurde er auch in den Klostergärten kultiviert.
Große Heilkundige, wie Hildegard von Bingen und die Kräuterbuchautoren Bock, Matthiolus oder Lonicerus, beschrieben die Pflanze als Heilmittel gegen Brust- und Lebererkrankungen, als Husten- und Abführmittel sowie bei Hautkrankheiten. Im 17. und 18. Jahrhundert gab es bei uns noch große Feldkulturen, doch schon bald geriet der Bockshornklee in Vergessenheit. Ende des 19. Jahrhunderts wurde die Anwendung von Bockshornklee durch den Pfarrer Kneipp wieder neu belebt. Für ihn waren die Samen das beste Heilmittel zum Behandeln von Geschwüren.

Anbauen und ernten

Zum gesunden Wachstum benötigt Bockshornklee durchlässige, magere Böden in sonniger Lage. Er wird durch Freilandaussaat im Frühjahr vermehrt und kann im Spätsommer, nach dem Ausreifen der Samen, geerntet werden.

Verwenden und genießen

Die Samen des Griechischen Bockshornklees werden heute vor allem in Nordafrika, im Mittleren Osten und in Indien als Arzneimittel verwendet. Sie gelten als stärkend, fiebersenkend und verdauungsregulierend und werden in Magen- und Hustentees sowie äußerlich als Mittel bei lokalen Entzündungen angewendet. Doch Vorsicht: Bockshornkleesamen können Wehen auslösen und dürfen während der Schwangerschaft nicht verwendet werden. In der Küche ist Bockshornklee vor allem in Indien und im Orient beliebt. Junge Blätter werden mit Gemüse gekocht und die pulverisierten Samen sind Bestandteil von Currygewürzmischungen.

In Hochbeeten gedeiht der wärmebedürftige Bockshornklee besonders gut.

Valeriana officinalis · Echter Baldrian

Von dieser alten Heil- und Zauberpflanze glaubte man früher, sie wirke gegen böse Geister: „Baldrian, Dost und Dill – kann die Hex' nicht wie sie will". Getrocknete Baldriansträuße wurden im Haus aufgehängt, um Glück zu bringen.

Der mehrjährige Echte Baldrian ist in Europa und Asien weitverbreitet. Aus dem aromatisch riechenden, verzweigten, fleischigen Wurzelstock treiben im Frühjahr zunächst Blattrosetten mit dunkelgrünen, unpaarig gefiederten, am Rand gesägten Blättern. Im Frühsommer treiben aus dieser Rosette bis zu 100 Zentimeter hohe, verzweigte Blütenstände mit rosa bis weißen trichterförmigen Blüten, die in Trugdolden stehen und intensiv riechen.

Aus alten Zeiten

Der Botanische Name *Valeriana* leitet sich aus dem lateinischen *valere* (kräftig, gesund sein) ab und der Deutsche Name *Baldrian* erinnert an den nordischen Lichtgott Baldur, den schönsten der Götter. Schon aus der nordischen Mythologie wissen wir, dass Sträuße mit der stark aromatisch duftenden Pflanze zum Schutz vor bösen Geistern über die Tür gehängt wurde. Daneben galt Baldrian auch als Aphrodisiakum. Die Wurzel sollten in Wein eingelegt und von Mann und Frau getrunken werden.

Baldriantee

Zwei Teelöffel gehackte Baldrianwurzel werden in eine Tasse kaltes Wasser gegeben und müssen, um die Wirkstoffe abgeben zu können, zwölf Stunden ziehen. Anschließend wird der Sud abgesiebt und der Tee kann leicht erwärmt getrunken werden.

Der Echte Baldrian hat eine eigene Pflanzenfamilie, die Baldriangewächse.

Auch in der Antike, bei den Griechen und Römern, war Baldrian eine geschätzte Heilpflanze. Plinius und auch Dioskurides lobten seine Heilkraft und empfahlen ihn zur Entwässerung und Förderung der Menstruation. Im Mittelalter galt Baldrian nahezu als Universalheilmittel und wurde zur Behandlung zahlreicher Krankheiten eingesetzt. So taucht er in fast allen bekannten Kräuterbüchern auf und wurde gepriesen zur Behandlung von Blähungen, Kopfweh, Gelbsucht, Asthma und Husten. Auch zur Behandlung schlecht heilender Wunden wurde Baldrian empfohlen und die Pflanze galt sogar als wirksames Mittel zur Vorbeugung von Pest. Hildegard von Bingen empfahl die Pflanze bei Brustentzündungen und auch bei Gicht. Die nervenberuhigende Wirkung des Baldrians wird wohl schon lange bekannt gewesen sein, stand aber bis zum 18. Jahrhundert nicht im Mittelpunkt der Betrachtungen. Erst später setzte die Volksheilkunde Baldrian wegen seiner beruhigenden Wirkung auch bei nervös bedingten Magenkrämpfen und Menstruationsstörungen ein.

Anbauen und ernten

Für ein gesundes Wachstum benötigt Baldrian frische, humose, tiefgründige Böden in möglichst halbschattiger Lage. In der Natur finden wir ihn häufig an Waldrändern und in Gräben. Die Vermehrung erfolgt durch die Aussaat im Frühjahr oder durch Teilung des Wurzelstockes im Herbst.

Während des Wachstums muss Baldrian ausreichend gewässert und gedüngt werden. Ein Rückschnitt nach der Blüte ist zu empfehlen, da Baldrian sehr zur Selbstaussaat neigt. Im Herbst werden die Wurzeln älterer Pflanzen geerntet.

Die weißen bis rosafarbenen Trugdolden verströmen den typischen Geruch.

Auch der verzweigte, fleischige Wurzelstock hat ein intensives Aroma.

Verwenden und genießen

Der Echte Baldrian ist heute die bekannteste Heilpflanze zur Behandlung von nervös bedingten Störungen des Menschen. Er wirkt beruhigend und wird in Teemischungen und als Tinktur bei nervösen Unruhezuständen, Einschlafstörungen und nervös bedingten Organbeschwerden angewendet. Extrakt und Tinktur sind Bestandteil von zahlreichen Fertigpräparaten und Badezusätzen. Baldrian wird allein oder auch in Kombination mit anderen pflanzliche Extrakten verwendet.

Literatur

Bohne, Burkhard: Kräuter, Kosmos Verlag, Stuttgart, 2010

Bohne, Volk, Dittus-Bär: Kräutergarten kompakt, Verlag Eugen Ulmer, Stuttgart, 2009

Carroll-Spillecke: Der Garten von der Antike bis zum Mittelalter, Verlag Philipp von Zabern, Darmstadt, 1995

Hausschild, Stephanie: Die sinnlichen Gärten des Albertus Magnus, Jan Thorbecke Verlag, Ostfildern, 2005

Heeger, Erich Fürchtegott: Handbuch des Arznei- und Gewürzpflanzenbaues, Deutscher Bauernverlag, Berlin, 1989

Heller, Peter W.F.: Ärzte, Magier, Pharaonen, Engelsdorfer Verlag, Leipzig, 2008

Hobhouse, Penelope: Der Garten, Verlag Dorling Kindersley, München, 2007

Kalbermatten, Roger: Wesen und Signatur der Heilpflanzen, AT Verlag, Aarau, Schweiz, 2005

Kawollek, Wolfgang und Falk, Henning: Bibelpflanzen, Verlag Eugen Ulmer, Stuttgart, 2005

Mayer, Dr. Johannes, Uehleke, Dr. Bernhard und Pater Kilian Saum OSB: Handbuch der Klosterheilkunde, Verlag Zabert Sandmann GmbH, München, 2002

Rippe, Madejsky: Die Kräuterkunde des Paracelsus, AT Verlag, Aarau, Schweiz, 2006

Schadewald, Priebe: Pfarrhäuser und Pfarrhausgärten in Mecklenburg, Verlag Steffen, Friedland, 2005

Scherf, Gertrud: Die geheimnisvolle Welt der Zauberpflanzen und Hexenkräuter, BLV-Verlag, München, 2007

Scherf, Gertrud: Pflanzengeheimnisse aus alter Zeit, BLV-Verlag, München, 2004

Seifert, Sametschek: Die Kochkunst in zwei Jahrtausenden, Gräfe und Unzer Verlag, München, 1985

Strank, Karl Josef und Meurers-Balke, Jutta (Hrsg.): Obst, Gemüse und Kräuter Karls des Großen, Verlag Philipp von Zabern, Darmstadt, 2008

Stoffler, Hans-Dieter: Der Hortulus des Walahfrid Strabo, Jan Thorbecke Verlag, Ostfildern, 1989

Storl, Wolf-Dieter: Pflanzen der Kelten, AT Verlag, Aarau, Schweiz, 2000

Tornieporth, Gerda: Hildegard von Bingen – Das Gartenbuch, BLV-Verlag, München, 2008

Urbanovsky, Dr. Claudia: Der Garten der Druiden, Ullstein Buchverlage, Berlin, 2010

Wiegele, Miriam: Zauberpflanzen, Verlag Eugen Ulmer, Stuttgart, 2003

Zerling, Clemens: Lexikon der Pflanzensymbolik, AT Verlag, Aarau, Schweiz, 2007

Das große Buch der Hildegard von Bingen, Naumann & Göbel, Köln, 2007

Nützliche Adressen

Die Sortierung der Adressen erfolgt nach Postleitzahlen.

Kräuter und Duftpflanzen

Kräuter- und Staudengärtnerei Mann
Schönbacherstraße 25
02708 Lawalde
Telefon: 0 35 85 / 40 37 38
www.staudenmann.de
www.pflanzenreich.com

Die Kräuterei (Bioland)
Silvia Heinrich
Alexanderstraße 29
26121 Oldenburg
Telefon: 04 41 / 88 23 68
www.kraeuterei.de

Rühlemann's Kräuter & Duftpflanzen
Auf dem Berg 2
27367 Horstedt
Telefon: 0 42 88 / 92 85 58
www.ruehlemanns.de

Kräuterey Lützel
Im Stillen Winkel 5
57271 Hilchenbach-Lützel
Telefon: 0 27 33 / 38 46
www.kraeuterey.de

Otzberg Kräuter
Burghart Koch-Seubert
Erich Ollenhauer-Straße 87 B
65187 Wiesbaden
Telefon: 06 11 / 8 12 05 45
www.otzberg-kraeuter.de

Syringa
Duftpflanzen und Kräuter
Dipl. Biol. Bernd Dittrich
Bachstraße 7
78247 Hilzingen-Binningen
Telefon: 0 77 39 / 14 52
www.syringa-samen.de

Kräuter im Brunnenhof
Kornstraße 61
88370 Ebenweiler
Telefon: 0 75 84 / 32 33
www.brunnenhof-kraeuter-und-mehr.de

Raritätengärtnerei Treml
Eckerstraße 32
93471 Arnbruck
Telefon: 0 99 45 / 90 51 00
www.pflanzentreml.de

Kräutergärten

Stiftung Kloster und Kaiserpfalz Memleben
Thomas-Müntzer-Straße 48
06642 Memleben
Telefon: 03 46 72 / 3 02 74
www.kloster-memleben.de

Arzneipflanzengarten des Botanischen Gartens Berlin-Dahlem
Botanischer Garten
Unter den Eichen / Königin-Luise-Platz
14191 Berlin
Telefon: 0 30 / 83 85 01 00
www.bgbm.fu-berlin.de/bgbm/garden/Bereiche/bereiche/az.htm

Heilpflanzengarten in Celle
Grünflächenamt der Stadt Celle
Wittinger Straße 76
29223 Celle
Telefon: 0 51 41 / 20 81 73
www.celle-tourismus.de

Heil- und Giftpflanzengarten der Tierärztlichen Hochschule Hannover
Tierärztliche Hochschule
Bünteweg 17 D
30559 Hannover

Benediktinerinnenabtei zur Hl. Maria
Nonnengasse 16
36037 Fulda
Telefon: 06 61 / 9 02 45 – 0
www.abtei-fulda.de

Kloster Amelungsborn
37643 Negenborn
www.kloster-amelungsborn.de/home.html

Klostergarten Riddagshausen
Ev. Pfarramt Riddagshausen
Klostergang 57
38104 Braunschweig
Telefon: 05 31 / 37 29 00
www.klosterkirche-riddagshausen.de

Arzneipflanzengarten der TU Braunschweig
Institut für Pharmazeutische Biologie
Mendelssohnstraße 1
38106 Braunschweig
www.arzneipflanzengarten.de

Kräutergarten am Kaiserdom
Vor dem Kaiserdom
38154 Königslutter am Elm
Telefon: 0 53 53 / 91 22 02
www.koenigslutter-kaiserdom.de

Klostergarten der Stiftung Kloster Michaelstein
Michaelstein 3
38889 Blankenburg (Harz)
Telefon: 0 39 44 / 90 30 15
www.kloster-michaelstein.de

Stiftung Kloster Jerichow Klostergarten Jerichow
Am Gut 1
39319 Jerichow
Telefon: 03 93 43 / 2 85
www.klostergarten-jerichow.de

Karlsgarten in Aachen
Aachener Capitulare-Gärten
Melatener Straße 30
52056 Aachen
www.biozac.de

Klostergarten Reichenau
St. Maria & Markus
78479 Reichenau
Telefon: 0 75 34 / 92 07 – 0
www.reichenau.de

Heil- und Giftpflanzenabteilung des Botanischen Gartens der Universität Ulm
Botanischer Garten der Universität Ulm
Hans-Krebs-Weg
89069 Ulm
Telefon: 07 31 / 50 – 3 13 51
www.uni-ulm.de/einrichtungen/garten.html

Arzneipflanzen-Abteilung des Botanischen Gartens Würzburg
Botanischer Garten
Julius-von-Sachs-Platz 4
97082 Würzburg
Telefon: 09 31 / 3 18 62 40
www.bgw.uni-wuerzburg.de

Thüringer Heilkräuterpflanzung im Rennsteingarten Oberhof
Botanischer Garten für Gebirgsflora
Am Pfanntalskopf 3
98559 Oberhof
Telefon: 03 68 42 / 2 22 45
www.rennsteiggartenoberhof.de

Register

Hervorgehobene Seitenzahlen verweisen auf Abbildungen.

Impressum

Mit 152 Farbfotos von:
Burkhard Bohne, Braunschweig: 4, 7 re., 10 re., 13 re., 17, 24 re., 25 o., 43, 44, 45 re., 60, 84, 87, 89, 90, 91, 95, 99, 101, 102 li, 107, 112, 115, 116, 118, 120, 123 o., 125, 127, 128, 130, 133, 138 li., 143, 144, 147, 148, 151, 155, 157, 159, 160, 163, 165 o., 167, 169 o.; Otmar Diez, Sulzthal: 7 li., 18 (beide), 19 li., 24 li., 29 re., 34 Mi., 37, 45 li., 51 u., 58, 64 li., 65, 66, 67 (beide), 74, 75, 76 re., 77, 80 (beide), 81 (beide), 93 Mi. Re., 152, 169 u.; Edition Phönix, Malsburg-Marzell: 1, 11, 21 re., 22, 27, 30 re., 31 Mi., 36 (beide), 39, 40, 46 re, 78; Florapress/Otmar Diez: 111; Florapress/GAP: 88; Florapress/Helga Noack: 98; Florapress/Visions: 21 li.; Fotolia/Valerie Ornstein: 119; Das Gartenarchiv/Hauser: 82; Das Gartenarchiv/Kahl: 48 re.; GAP Photos/Dave Zubraski: 6; GBA/Clive Nichols/Mark Walker: 31 u.; GBA/GPL: 29 li.; GBA/Nichols: 49; Wolfgang Redeleit, Bienenbüttel: 34 u.; Reinhard-Tierfoto/Hans Reinhard, Heiligkreuzsteinach-Eiterbach: 8 li., 14 (beide), 15 u., 19 re., 20, 33 (beide), 46 li., 48 li., 51 o., 53, 55, 57, 59 re., 61, 63 li., 64 re., 71 re., 76 li., 83 (beide), 93 li., 102 re., 108, 134; Reinhard-Tierfoto/Nils Reinhard, Heiligkreuzsteinach-Eiterbach: 52, 54; Manfred Ruckszio, Taunusstein: 8 re., 15 o., 42, 63 re., 93 u. re., 96, 104, 137, 138 re., 141; Christel Rupp, Offenburg: 32; Friedrich Strauß, Au: 41, 68, 69, 71 li.; Annette Timmermann, Kalübbe: 2/3, 26 u., 35, 47, 50, 56, 59 li., 72, 73, 79; Elke Vornkahl-Bohne, Braunschweig: 5.

Mit 42 weiteren Abbildungen nach Originalen aus dem Archiv Bohne nach Köhler's Medizinalpflanzen: 9, 12, 13 li., 16, 25 u.,28, 85, 94, 97, 100, 103, 105, 106, 109, 110, 113, 114, 117, 121, 123 u., 124, 126, 129, 131, 132, 135, 136, 139, 140, 145, 149, 150, 153, 161, 162, 165 u., 166, 168; nach Originalen aus dem Archiv Bohne nach Tacuinum Sanitatis: 25, 28; commons wikimedia/Nina Aldin Thune: 10 li.; commons.wikimedia.org: 23, 26 o., 30 li.

Umschlaggestaltung von Atelier Reichert, Stuttgart, unter Verwendung von vier Farbfotos von Annette Timmermann, Kalübbe (Umschlagvorderseite: zum Trocknen aufgehängte Kräuter) und Burkhard Bohne, Braunschweig (Umschlagvorderseite: Salbei nach Köhler's Medizinalpflanzen; Umschlagrückseite: Mutterkraut, Klostergarten Kaufbeuren)

Alle Angaben in diesem Buch sind sorgfältig geprüft und geben den neuesten Wissensstand bei der Veröffentlichung wieder. Da sich das Wissen aber laufend in rascher Folge weiterentwickelt und vergrößert, muss jeder Anwender prüfen, ob die Angaben nicht durch neuere Erkenntnisse überholt sind. Dazu muss er zum Beispiel Beipackzettel zu Dünge-, Pflanzenschutz- bzw. Pflanzenpflegemitteln lesen und genau befolgen sowie Gebrauchsanweisungen und Gesetze beachten.

In diesem Buch werden Hinweise zur Naturheilkunde gegeben. Nur auf die beschriebenen Arten trifft die angegebene Verwendung zu, ihr Gebrauch setzt daher ihre sichere Kenntnis voraus. Heilpflanzentees sollten immer nur beschränkte Zeit und nicht länger als nötig eingenommen werden, auch Hausteemischungen sollte man öfter wechseln. Behandelt werden dürfen nur leichtere Gesundheitsstörungen, die keiner ärztlichen Behandlung bedürfen. Den Arztbesuch kann dieses Buch auf keinen Fall ersetzen. Auch dürfen verschiedene Kräuter, z. B. Rosmarin, nicht während der Schwangerschaft eingenommen werden.

Unser gesamtes lieferbares Programm und viele weitere Informationen zu unseren Büchern, Spielen, Experimentierkästen, DVDs, Autoren und Aktivitäten finden Sie unter **www.kosmos.de**

FSC www.fsc.org MIX Papier aus verantwortungsvollen Quellen FSC® C084279

ISBN 978-3-440-12797-1
Redaktion: Carolin Küßner
Gestaltung und Satz: Atelier Reichert, Stuttgart
Produktion: Atelier Reichert, Stuttgart
Printed in Slovakia / Imprimé en Slovaquie